国家社会科学基金项目研究成果
武汉纺织大学学术著作出版基金资助出版

中国新型城镇化发展研究：
基于区域空间差异与FDI集聚视角

王 滨 ◎ 著

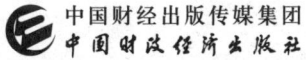
中国财经出版传媒集团
中国财政经济出版社

图书在版编目（CIP）数据

中国新型城镇化发展研究：基于区域空间差异与 FDI 集聚视角／王滨著. --北京：中国财政经济出版社，2020.6

ISBN 978－7－5095－9855－9

Ⅰ.①中… Ⅱ.①王… Ⅲ.①城市化－研究－中国 Ⅳ.①F299.21

中国版本图书馆 CIP 数据核字（2020）第 096548 号

责任编辑：张怡然　　　　　责任印制：张　健
封面设计：陈宇琰　　　　　责任校对：李　丽

中国新型城镇化发展研究：基于区域空间差异与 FDI 集聚视角
ZHONGGUO XINXING CHENGZHENHUA FAZHAN YANJIU：JIYU QUYU KONGJIAN
CHAYI YU FDI JIJU SHIJIAO

中国财政经济出版社 出版

URL：http://www.cfeph.cn
E－mail：cfeph@cfeph.cn

（版权所有　翻印必究）

社址：北京市海淀区阜成路甲 28 号　邮政编码：100142
营销中心电话：010－88191522
天猫网店：中国财政经济出版社旗舰店
网址：https://zgczjjcbs.tmall.com
北京鑫海金澳胶印有限公司印刷　各地新华书店经销
成品尺寸：170mm×240mm　16 开　11 印张　180 000 字
2020 年 6 月第 1 版　2020 年 6 月北京第 1 次印刷
定价：48.00 元
ISBN 978－7－5095－9855－9
（图书出现印装问题，本社负责调换，电话：010－88190548）
本社质量投诉电话：010－88190744
打击盗版举报热线：010－88191661　　QQ：2242791300

摘　　要

城镇化是我国现代化的必由之路。在"新常态"阶段，城镇化发展成为我国经济增长的新动力。然而，在以人口城镇化为主的传统发展模式下，城市规模快速扩张，区域发展不平衡、公共服务缺失、生态环境恶化以及城乡二元格局等诸多问题凸显。随着我国经济由高速增长阶段转向高质量发展的新时代，新型城镇化与区域平衡发展成为未来我国城镇化的发展方向。

本书通过梳理和综合国内外文献，从新型城镇化的内涵出发，构建新型城镇化综合评价体系，对我国新型城镇化质量进行测度。在此基础上，运用空间分析方法探讨了我国新型城镇化的空间特征及其动力机制，并从空间溢出的角度分析了FDI对我国区域新型城镇化发展的影响机制。这将有助于观察和把握我国新型城镇化质量的现实状态和发展趋势，为进一步提升我国新型城镇化水平和促进区域均衡发展提供理论支撑。

第一，城镇化是一个系统的动态过程，城镇化质量是过程与结果的统一。在对国际经验与相关文献梳理之后，选择城镇化发展质量和城乡协调程度衡量新型城镇化的结果，以城镇化发展效率衡量城镇化的过程，构建了一个包含34个具体指标的新型城镇化综合评价体系。该体系从经济发展质量、社会发展质量和生态发展质量三个层面对城镇化发展质量进行评价，从同步协调和城乡统筹两个层面对城镇化协调程度进行评价，从经济社会效率和生态环境效率两个层面对城镇化效率进行评价，力图科学全面地考察新型城镇化发展的各个方面。

第二，采用定基极差熵值法对新型城镇化质量进行测度，并运用探索性空间数据分析方法和泰尔指数分析了我国30个省份新型城镇化发展的空间特征。研究结果表明，2000—2016年间中国城镇化质量有所提高，但整体水平不高，且各省份在主要维度上发展水平不平衡。同时，五大区域城镇化质量的空间差异明显，呈现从东部向东北部、中部、西南部和西北部依次递减的空间格局。采用泰尔指数对城镇化质量区域差异进行空间分解发现，城镇化区域差异呈现缩小的趋势，区域间城镇化发展水平的不均衡是我国城镇化区域差异的主要原因，区域内差异对这种空间格局的影响较小。

第三，从宏观和微观两个角度分析新型城镇化的驱动因素，结合既有文献的研究将动力机制归纳为内生动力、外生动力、市场动力与政府动力四个方面，构建新型城镇化动力因素指标体系。空间计量分析发现，内生动力对我国新型城镇化发展的作用最大，政府动力和市场动力相当，外部动力的影响最小。这说明经济发展能力的提升是我国新型城镇化发展的主要推动力。而且，东中西部地区城镇化发展的主导力量各不相同，区域间的空间差异与城镇化发展的动力机制密切相关。

第四，基于东道国和母国双重视角，构建空间引力模型进行实证分析，发现外国直接投资（Foreign Direct Investment，以下简称FDI）区位选择在东道国层面存在显著的正向空间相关性。于是，针对FDI流入具有与新型城镇化相似的空间特征，运用空间杜宾模型研究了FDI对新型城镇化的空间溢出效应。结果发现，FDI对我国新型城镇化发展的直接效应和空间溢出效应均显著为正，但对东、中、西部地区的影响各不相同。FDI空间溢出效应是城镇化空间差异未能出现收敛趋势的一个重要原因。金融发展、产业结构和市场化进程等因素均对城镇化发展有不同程度的促进作用。进一步研究发现，总体上，各省份新型城镇化水平在空间上存在显著的正相关性；FDI对新型城镇化的直接效应、间接效应和总效应均表现为显著的U形非线性关系。而且，各省份的技术水平和外资进入程度对FDI空间溢出效应具有调节作用，研发投入和劳动力就业则是产生这种U形非线性关系的重要渠道，这在一定程度上解释了FDI对各省份新型城镇化影响的差异性。

最后，在上述研究的基础上，结合我国现实情况，本书认为，各级政府应树立人口、经济、社会和生态等多维度协调发展的新型城镇化发展观，根据各省份与地区的区位和资源优势，制定差异化发展战略，充分发挥区域城镇化发展的四大动力因素。同时，积极利用各区域间城镇化发展中的空间溢出效应，尤其是FDI的空间溢出效应，加强地区间合作与交流，建立区域间资源共享、利益共享机制，推动我国新型城镇化的均衡发展。

目 录

第1章 经济增长与城镇化空间差异 …………………………（ 1 ）
 1.1 区域城镇化的空间差异 ……………………………（ 1 ）
 1.2 基于"空间均衡发展"理念的经济增长分析 ………（ 5 ）
 1.3 本书的结构安排 ……………………………………（ 12 ）

第2章 城镇化发展的国际经验 ………………………………（ 15 ）
 2.1 城镇化发展的空间模式 ……………………………（ 16 ）
 2.2 从空间分布看发达国家城镇化的阶段性特征 ……（ 19 ）
 2.3 发达国家的城镇化发展经验 ………………………（ 21 ）
 2.4 本章小结 ……………………………………………（ 24 ）

第3章 新型城镇化综合评价体系构建 ………………………（ 26 ）
 3.1 新型城镇化的内涵 …………………………………（ 26 ）
 3.2 综合评价体系的构建 ………………………………（ 29 ）
 3.3 本章小结 ……………………………………………（ 34 ）

第4章 新型城镇化测度与空间特征分析 ……………………（ 36 ）
 4.1 新型城镇化测度 ……………………………………（ 36 ）

4.2 新型城镇化的空间特征分析 …………………………………（45）
4.3 区域城镇化空间差异的进一步分析 ……………………………（51）
4.4 本章小结 ………………………………………………………（56）

第 5 章 新型城镇化空间差异的动力机制分析 ……………………（58）
5.1 文献综述 ………………………………………………………（58）
5.2 动力指标体系的构建 …………………………………………（61）
5.3 城镇化动力机制的空间计量分析 ……………………………（64）
5.4 新型城镇化动力机制的进一步研究 …………………………（71）
5.5 本章小结 ………………………………………………………（79）

第 6 章 FDI 的空间特征分析 ………………………………………（81）
6.1 相关文献评述 …………………………………………………（81）
6.2 FDI 的空间相关性分析 ………………………………………（83）
6.3 本章小结 ………………………………………………………（86）

第 7 章 FDI 区位选择的空间相关性分析 …………………………（87）
7.1 文献综述与理论分析 …………………………………………（87）
7.2 实证模型与研究方法 …………………………………………（90）
7.3 实证结果分析 …………………………………………………（94）
7.4 本章小结 ………………………………………………………（106）

第 8 章 FDI 对新型城镇化的空间溢出效应分析 …………………（107）
8.1 引言 ……………………………………………………………（107）
8.2 模型设定 ………………………………………………………（109）
8.3 实证结果分析 …………………………………………………（111）

8.4 本章小结 ……………………………………………………… (116)

第9章 FDI对新型城镇化的影响机制研究 …………………… (118)
9.1 FDI对新型城镇化的影响与形成机制 ……………………… (119)
9.2 模型设定与特征事实 ………………………………………… (123)
9.3 实证结果分析 ………………………………………………… (128)
9.4 U形非线性效应的形成机制分析 …………………………… (132)
9.5 本章小结 ……………………………………………………… (138)

第10章 新型城镇化区域均衡发展的政策建议 ………………… (139)
10.1 新型城镇化的多维度发展 ………………………………… (139)
10.2 推动我国新型城镇化多维度均衡发展的政策建议 ……… (143)

第11章 结论与展望 ……………………………………………… (149)
11.1 主要研究结论 ……………………………………………… (149)
11.2 研究展望 …………………………………………………… (152)

参考文献 ……………………………………………………………… (154)
致　　谢 ……………………………………………………………… (166)

第1章 经济增长与城镇化空间差异

1.1 区域城镇化的空间差异

城镇化是一种社会经济现象,也是一种空间现象。《国家新型城镇化规划(2014—2020年)》明确指出,城镇化是我国现代化的必由之路,是经济增长的重要动力。党的十八届三中全会提出,我国将继续坚持走中国特色新型城镇化道路,推动各要素与城镇全面协调发展。显然,发展中国特色新型城镇化的根本目的是提升城镇化的质量,推动城镇化健康可持续发展,其中一项重要的内容是构建科学合理的城市空间格局。随着经济全球化的不断深化,我国经济增长模式从区域间以传统行政区划为单位的竞争关系逐步转变为产业融合、互动多赢的竞争关系,区域空间集聚、经济全球化与中国城镇化之间存在着长期的均衡关系(罗良文和梁圣蓉,2016)。

据世界银行统计,发达国家的城镇化水平在第二次世界大战之后迅速提高,到2016年其平均水平已达76%,远高于发展中国家城镇化水平(闫佳祺,2016)。自改革开放以来,随着经济发展进程的加快,城镇化和工业化成为我国经济增长最重要的推动力,尤其是近年来城镇化呈现出不断加速的趋势。工业化带动了产业结构的调整和升级,形成了企业集中在城市中的产业集聚现象,而产业集聚又表现为资源、人口、信息等要素的空间集聚,这种空间上的集聚程度逐年增加。截至2015年,我国城镇化率已达56.10%,但城镇化存在着严重的空间不均衡状态。以2013年为例,东部、中部和西部的城镇化水平分别为63.09%、48.79%和46.16%。全国城镇化水平最高的10个省(市)中有8个位于东部地区,长江三角洲地区和珠江三角洲地区的城镇化水平高于其他地区。西部地区的城镇化水平明显滞后于自身的经济发展水平。

城镇化是一个经济因素与非经济因素共同作用的社会空间变迁的动态过程,早在19世纪末,西方学者就开始关注这种空间集聚的问题。马歇尔认为经济活动在有限空间里集聚所产生的外部规模经济有利于提高生产效率和降低成本,同时能够深化专业化与分工,从而形成企业网络。最早提出"集聚经济"这一概念的韦伯则认为,集聚因素能降低交易费用,促进技术创新和人力资本的积累,从而形成竞争优势。胡佛认为规模经济是企业进行区位选择时必须考虑的一个重要因素,而产业集聚使规模经济成为可能,并提出了产业集聚的最优规模。缪尔达尔在循环累积因果理论中提出,拥有优势资源和区位的地区会超前发展,且这种优势会不断累积,从而导致区域不平衡现象。20世纪90年代末,迈克尔·波特从创新和竞争力的角度对产业集聚进行了深入研究,认为产业集聚有助于国家和区域竞争力的提升。其理论引起了学术界的广泛关注,形成了集聚经济研究的一次新高潮。克鲁格曼将外部性的本质归结为规模经济,而这种规模经济有利于降低生产成本、促进技术创新和边际收益递增。新增长理论把知识和人力资本等内生技术因素引入经济增长模型中,认为企业追求知识外溢所带来的规模收益递增以及持续的技术创新将导致产业集聚。但这种区域产业集聚一旦形成优势,容易通过前后向关联的循环累积效应产生路径依赖,在该区域形成专业化格局。这样一来，生产要素就被"锁定"在该区域而不再自动流向效率更高的地区。于是，区域不均衡的格局出现了。

20世纪90年代起，国内学者开始关注经济空间中的集聚效应，尤其是产业集聚。不少文献从空间集聚、边际报酬递增、技术创新集群、合作竞争和锁定效应等因素分析了集聚的动力机制和策略交互。由于空间集聚通过加剧竞争和技术创新提升整个区域的集群竞争力，以及路径依赖和锁定效应加大区域间的发展差距，加上改革开放以来政府实施的非均衡发展战略，我国城镇化的空间分布表现为不均衡。近年来随着城镇化研究的不断深入，从空间要素分布的角度分析中国新型城镇化进程逐渐成为热点。那么，形成这种区域城镇化空间差异的深层机制和影响因素是什么？如何科学地判断并促进我国新型城镇化空间分布的合理性？如何科学地认识和促进我国各区域城镇化在空间上的均衡发展？科学地认识和解决这些问题，有助于实现大中小城市和小城镇全面、协调和可持续的发展，积极稳妥地推进我国新型城镇化进程。

国内学术界的研究主要集中在城镇化过程中形成区域不均衡的影响因素和动力机制上。霍炳男（2017）实证分析了我国区域城镇化发展差异的影响因素，发现经济发展水平、教育水平和经济开放度等因素的提高有利于城镇化水平的提升。关兴良等（2016）认为，人口分布与产业及就业岗位分布的不协调和人口、经济分布与资源环境承载能力的不协调会造成要素流动和资源环境的压力，甚至会激化社会矛盾。因此，区域协调发展和优化城镇化空间格局是我国城镇化的重要战略。赵果庆和吴雪萍（2017）则从城市人口、人口迁入、工业化和地理位置等因素分析了我国城镇化水平不平衡的空间动力机制。罗良文和梁圣蓉（2016）基于产业集聚、经济全球化和城镇化的关系探讨了我国城镇化区域性失衡的主要原因。张跃胜（2017）实证测度了我国城镇化水平所呈现出的东高西低的空间格局，并发现区域间的差距对区域差异的形成影响最大，其他因素对我国城镇化区域不平衡的影响程度不尽相同。郑大川等（2016）认为，我国区域间城镇化发展程度极不平衡，提出了更为科学客观反映城镇化真实水平的分类方法。还有不少文献对特定区域、内部耦合、生态效率、技术创新、金融发展和集聚、人口空间分布等方面进行了探讨（周慧，2016；孙平军，2016；陈真玲，2016；周慧等，2017；金发奇和文茜，2016；孙文杰和薛幸，2016）。

作为对我国城镇化发展有明显推动力的外商直接投资（Foreign Direct Investment，以下简称 FDI），在我国的区位分布具有较强的空间依赖性（何兴强和王利霞，2008；陈继勇和雷欣，2009；冷俊峰，2016）。而 FDI 这种空间集聚与我国区域城镇化水平的空间特征所具有的一致性，使得前者成为研究我国区域城镇化的空间差异的一个重要视角。经济全球化成为欠发达国家和地区城镇化发展的新动力，适当的 FDI 政策将强化具有区域和全球竞争力的发展中国家的城镇化程度（Victor F. S.，2001；Cohen，2004）。FDI 对城镇化的影响渠道是多方面的，能够通过空间知识溢出效应、人口和产业的空间集聚效应以及区域制度变迁，影响或强化区域中农村地域转化、农村人口转移、城乡收入差距、产业结构调整和城市文明扩散（程开明和段存章，2010；宛群超和邓峰，2017；周超等，2017）。而且，FDI 对城镇化的影响还具有门槛效应，受到诸如金融发展、城乡收入差距、技术吸收能力等因素的制约。FDI 与我国城镇化进程之间的关系可能呈现倒 U 形曲线变化（袁冬梅等，2017；周超等，2017）。同时，城镇化进程也会对 FDI 流入产生影响，表现为互为因果关系（赵修渝和陈虹全，2009；胡凡，2016）。

综上，基于 FDI 空间集聚与我国区域城镇化的空间特征的相似性，从 FDI 空间溢出效应的视角考察城镇化的影响因素和动力机制，对正确认识和促进我国生产和人口区域间的合理分布，乃至我国新型城镇化的健康发展具有重要的理论价值和现实意义。

1.2 基于"空间均衡发展"理念的经济增长分析

城镇化与经济增长之间的紧密联系是不言而喻的。经济增长加速了城镇化的发展，城镇化则带动了经济增长，区域均衡发展的城镇化带来更加健康、高质量的经济增长。因此，为了提高我国新型城镇化的质量，我们需要对经济增长的区域发展进行深入的探讨。

1.2.1 从区域经济差异的视角看经济增长

有关区域经济差异的思想一开始便贯穿于诸如新古典增长理论、新增长理论之中。新古典增长理论认为，资本—劳动比决定了人均收入和资本的边际收益，由于资本的边际收益递减，资本—劳动比趋于稳定，从而人均收入也趋于稳定。这意味着欠发达地区的增长率更高，长期中各区域的经济增长将逐步趋同。而新增长理论则对这种经济增长的趋同论持怀疑态度。罗默基于世界范围内经济差异不断增大而非缩小的事实，从知识溢出模型出发，打破了新古典增长理论中外生的技术进步的假设，提出内生的技术进步是经济增长最为重要的因素。发达国家和地区的技术优势和知识溢出效应将拉大他们与落后地区的差距。卢卡斯则认为人力资本是增长的源泉，较高的人力资本水平和工资导致外部资本和劳动力纷纷流向发达国家和地区。在没有政府干预的情况下，区域经济差异将发散而非收敛。巴罗等的研究结果也表明，拉大地区和国家间差距的是人力资本而非物质资本。

新增长理论强调政府在经济增长中的作用,但忽视了制度因素的影响,无法解释日本、德国和印度等国家的增长速度。这些都说明地区发展不均衡的形成和演变比较复杂。一些经济学家认为平衡增长有助于经济体的健康发展,而另一些经济学家则认为不平衡增长是经济体发展的必经阶段。

(1) 平衡增长理论

斯图亚特·密尔所言"生产的每次增加都会创造出自己的需求"可能是对"平衡增长"最早的注解。以罗森斯坦—罗丹的大推动理论和纳克斯的贫困恶性循环理论为代表的平衡增长理论认为,经济各部门同一比例的投资有助于各部门平稳发展以实现供需平衡。大推动理论认为工业化是解决发展中国家贫困的关键,只有各工业部门同时全面投资,才有可能实现经济快速发展。贫困恶性循环理论认为,发展中存在供给不足和需求不足这两种恶性循环,打破它们的关键是突破资本形成的不足。只有在各工业部门同时投资,从而全面扩大市场并提高需求弹性,才能从恶性循环中解脱出来。

平衡增长理论的核心是产业和区域协调发展,但大范围的同时投资对资金的要求过高,且各区域其他诸如自然资源、劳动力、产业基础、技术水平等条件均有所差异,为了资源的有效配置,确保具有比较优势的产业和地区的投资似乎更为合理。

(2) 不平衡增长理论

不同于平衡增长理论,不平衡增长理论强调应重点发展具有比较优势的产业和地区以带动整个区域的经济增长。20世纪50年代由法国经济学家佩鲁提出的增长极理论是区域不平衡增长理论的重要代表。增长极是主导部门中具有创新能力的企业集聚形成的经济中心,能够通过极化或辐射效应带动区域经济增长。该理论主张政府集中投资以加快具有比较优势的区域和产业的发展,但在形成增长极的过程中可能加大地区经济差距，从而影响周边地区的发展。

缪尔达尔在增长极理论的基础上提出了累积循环因果理论，他认为社会经济的各因素动态地存在着累积循环因果关系，这种累积效应表现为两种相反的效应：回流效应和扩散效应。回流效应指落后地区的资源流向发达地区，导致落后地区要素更加不足从而发展更加滞后；扩散效应则是指发达地区的资源流向落后地区，从而带动后者的经济增长。缪尔达尔认为经济发展初期，回流效应强于扩散效应，因此，政府应采取不平衡发展战略重点发展经济条件较好的地区和产业，并通过发达地区的经济增长所产生的扩散效应带动欠发达地区的发展。

赫希曼继承了缪尔达尔的观点，提出不平衡战略是经济增长的最优方式。如他所言，"就地理的意义来说，增长必然是不平衡的"。他将缪尔达尔的回流和扩散效应改为极化和涓滴效应，认为只有区域间经济具有互补性，发达地区有效的增长激励才有可能传递到欠发达地区，否则涓滴效应难以弥补极化效应。弗里德曼的核心—边缘理论则进一步发展了他们的理论，提出中心与外围共同构成的二元空间结构，随着政府干预、人口迁移、基础设施改善、市场扩大等，中心与外围的界限逐渐模糊，最终形成空间经济的均衡化，区域经济差异缩小乃至消弭。核心—边缘理论既强调市场配置资源的基础性作用，又重视政府在区域协调中的重要作用。

威廉姆逊将库茨涅茨的收入分配倒U形假说应用到区域差异程度的测度中，提出了倒U形理论。他将不同国家按照收入水平的高低分成七类，分别计算了各类国家人均收入水平的区域差异程度。结果显示，区域收入差异在经济起飞阶段不断拉大，中等收入水平阶段达到顶点，随着经济进入成熟阶段，收入差异逐渐缩小，从而呈现倒U形。不过，该理论并未充分阐释各阶段的非均衡发展是否存在客观合理的界限。如果区域经济差异过大，可能会导致严重的后果，甚至激化社会矛盾。

总体上看，不平衡增长理论对处于经济发展初期的发展中国家有一定的指导意义，我国改革开放初期也采用了非均衡发展战略。但区域经济差距增大并不代表经济增长速度加快，而且，区域发展不均衡不仅是一个经济效率问题，也是一个社会公平问题。从实践上看，区域均衡增长才是经济健康发展的体现。

（3）区域均衡增长理论

新古典经济学家把诸如资本、FDI、劳动力和技术等要素在区域间的差异看作区域经济发展的重要影响因素。比如魏后凯（2002）的实证研究表明，FDI能够解释1985—1999年间东西部经济发展差距的约90%。技术进步和资源优化是实现区域均衡发展的关键途径。制度经济学派则认为，内生的制度差异和稳健的政策是区域经济发展不平衡的根本原因，适度的制度安排和合理的政策调整可以实现区域协调发展。

区域均衡增长理论基于一般均衡理论的思想，以区域经济主体的行为理性为前提，考察空间变量对经济增长的空间态势的影响，从而探究出空间均衡发展的合理机制。该理论经历了区域分工、区位选择和新经济地理理论三个阶段。区域分工强调区域间要素禀赋的差异性，认为各区域发挥各自比较优势，通过区域间的互动形成区域空间分布的均衡增长。之后，区位选择理论首次将空间概念引入经济学分析框架，以农业区位论、工业区位论和中心地理论为主体探讨了特定空间的均衡增长问题。

由于区域分工和区位选择理论均不能解释集聚点如何形成，以克鲁格曼为代表的新经济地理学派从经济活动中空间分布的视角探讨了集聚现象的形成和空间均衡发展问题。克鲁格曼（1991）提出的"中心—外围"理论分析了空间中集聚点的形成原因，以及空间分布如何实现均衡的问题。之后，以新经济地理学思想为基础，许多经济研究从跨区域一般均衡的角度试图论证区域空间均衡增长问题。

我国早期非均衡发展战略以及区域资源差异所造成的区域经济发展水平差异的不断拉大，使得空间集聚和区域均衡增长成为国内近年来的研究趋势和热点。研究表明，要素流动和集聚效应导致区域的不平衡发展，其中，制造业和服务业的高度集聚是我国区域收入和经济差异最重要的原因（陈良文和杨开忠，2007；范剑勇，2008；陈立泰和张祖妞，2011）。具有比较优势的地区通过吸引生产要素形成良性循环累积过程，而欠发达地区则因为要素的流出而出现恶性循环累积过程（安虎森和何文，2012）。基于空间集聚与区域经济增长的分析，学者认为，实现空间均衡增长一方面需要市场和政府的双重作用，另一方面则需积极打造产业集聚以推动欠发达区域的经济增长，并且加大要素区域间流动的速度和范围，同时，通过土地跨区域再分配和转移支付促进城乡一体化的发展（范剑勇等，2010；路铭和陈钊，2009）。

1.2.2 从空间均衡发展的视角看经济增长

（1）区域协调发展的内涵

在学术界对区域协调发展的内涵的不同表述中，一种较为常见的是，区域协调发展是区域人口、资源、环境、经济和社会系统中诸要素和谐、合理、效率最优的发展，其本质既是区域内部以及区域间的自然资源、环境与人类对其开发利用的一种平衡，也是生态系统与经济系统之间的一种动态平衡。国内对此也有不少的研究，覃成林等（2013）认为，区域经济协调发展是在区域开放条件下，区域之间经济交往日益密切、相互依赖日益加深、发展上关联互动和正向促进，各区域的经济均衡发展且区域经济差异趋于缩小的过程。

总体上，区域协调发展是区域间经济联系加强、区域间经济差距缩小和区域间经济增长差异缩小的集合体，按照我国关于 2010 年国民经济和社会发展的远景目标的内容,其目的可以概括为"基本形成若干各具特色的跨省(市、区)的经济区和重点产业带,地区发展差距逐步缩小;城乡建设有很大发展,初步建立规模结构和布局合理的城镇体系"。因此,区域协调发展可以看成是区域空间上的均衡增长。

(2) 空间均衡发展与经济增长

1949年以后,我国实行的平衡发展战略忽视了各地区要素资源的比较优势,导致整体经济发展停滞甚至倒退。改革开放之后,在非均衡发展战略主导之下,我国各省(市、区)发挥自身优势,经济发展迅速但呈现出明显的区域差异。1990年中央提出促进地区经济合理分工和协调发展,1999年的"西部大开发"战略、2003年的"振兴东北地区等老工业基地"战略和2005年的"促进中部地区崛起"战略标志着我国区域经济协调发展战略的初步形成。随后几个五年计划中都明确提出形成东中西部地区之间经济良性互动、区域间差距不断缩小的区域协调发展格局,说明区域经济协调发展已成为我国城镇化政策的重心。

随着政策的转向和区域发展差异所导致的经济特征的显现,国内越来越多的学者结合我国新型城镇化的发展对区域空间合理分布问题进行了深入的研究。尤其是近年来地理信息技术的迅猛发展,使空间计量分析等方法运用在实证研究中成为可能。目前,国内相关研究主要集中在空间分布特征的动力机制和影响因素两个方面。

城镇化是社会、经济和空间现象的综合体,体现了复杂而多层面的空间动态变迁过程,是经济和非经济要素共同作用的结果,理解城镇化动力机制非常重要。从定性看,产业集聚、人口迁移、FDI、制度变迁、区域创新、生态环境、城乡收入差距、文化等均是城镇化发展的重要动力(曾鹏,2016;周超等,2017;张跃胜,2017;关兴良等,2016;周慧,2016;俞万源,2012;袁冬梅等,2017)。从定量看,相关研究主要集中在对城镇化动力机制的统计评价和实证分析两个方面。城镇化动力机制的统计评价通常通过构建机制评价体系、因子分析或构造空间动态计量模型来探讨城镇化的演进过程（曹广忠等，2008；吴莉娅，2006；赵果庆和吴雪萍，2017）。而实证研究则一般运用城镇化决策模型和其他诸如地理加权回归模型、空间杜宾模型和VAR模型等分析城镇化动力机制（柳思维等，2012；王小斌和邵燕斐，2015；曾昭法和左杰，2013；庞瑞秋等，2014；邓志旺，2015）。

对城镇化空间格局的影响因素分析则从我国城镇化区域差异的空间因素入手，提出实现区域均衡发展的对策和政策建议。张跃胜（2017）发现，区域间的差距较之区域内对中国城镇化区域差距的形成贡献更大，其中，基础设施、居民生活质量、信息服务、科教文卫和社会保障等要素的影响较大。张贯春等（2017）则将经济增长分解为部门全要素生产率、要素禀赋和资源配置效率，从要素错配的角度分析了区域非均衡增长的原因。更多的文献则分别从外资、科技创新、产业结构、市场潜能、金融发展、城乡收入差距和人口转移等因素有针对性地探讨各区域或城市群区域均衡发展的问题（周超等，2017；邱立成等，2016；宛群超和邓峰，2017；刘曙光和张涵，2017；董春和梁银鹤，2016）。

政府和市场机制在经济增长中的作用有所不同，对城镇化空间格局的形成也有着不同的影响机制。总体上，政府对区域经济协调发展的作用是双向的。在异质区域的条件下，适度的政府干预和区域竞争有助于加速生产要素的流动，提升区域基础设施水平和技术创新，通过优化产业结构和制度安排推动区域经济均衡发展。但过度的政府竞争可能因为财政支出结构的不合理引致产业同构和产能过剩，还可能形成地方保护主义和引发恶性竞争，从而阻碍区域间的合作与发展。市场机制的影响也是双向的。短期中可能因为极化效应拉大区域间的差距，但长期中通过扩散效应带动周边地区的发展，从而形成良性的协调发展。

从政策角度看，我国区域经济发展经历了从低水平均衡发展到非均衡发展再到协调发展这三个战略的过程。与此同时，随着改革开放和中国经济的迅速发展，区域经济发展水平的差距在不断拉大，空间分布日趋不合理，大大制约了我国新型城镇化的发展。因此，中央已经提出了"优化格局，促进区域协调发展"和"塑造要素有序自由流动、主体功能约束有效、基本公共服务均等、资源环境可承载的区域协调发展新格局"的均衡发展战略。而且，新型城镇化的本质与空间合理分布、区域经济协调发展是一致的。因此，构建科学合理的城镇化空间格局是推动我国新型城镇化的内在要求，对提升城镇化质量和促进经济健康发展具有重大意义。

1.3 本书的结构安排

城镇化的推进是一个多维目标的复杂系统，不仅是传统意义上的人口和产业的集聚、城市空间的扩展和经济增长，同时也是产业结构、居民生活质量、生态环境和城市服务功能的全方位提升。这不仅需要构建合理的城镇化发展水平的指标体系，同时还需要判断城镇化过程中合理的空间分布格局。合理的空间分布格局实际上是资源在空间上的合理配置，也是生产和人口在空间上的合理分布。

已有文献对我国区域城镇化空间分布的影响因素和形成机制进行的探讨，虽然对区域均衡发展提出了有益的探索，但大多并未对区域空间合理分布提出明确的判断标准，在城镇化发展水平的评价指标上也存在着诸多分歧。本研究主体内容包括以下11个部分：

第1章：经济增长与城镇化空间差异。

第 2 章：城镇化发展的国际经验。

第 3 章：新型城镇化综合评价体系构建。

第 4 章：新型城镇化测度与空间特征分析。

第 5 章：新型城镇化空间差异的动力机制分析。

第 6 章：FDI 的空间特征分析。

第 7 章：FDI 区位选择的空间相关性分析。

第 8 章：FDI 对新型城镇化的空间溢出效应分析。

第 9 章：FDI 对新型城镇化的影响机制研究。

第 10 章：新型城镇化区域均衡发展的政策建议。

第 11 章：结论与展望。

本书收集和整理了 2000—2016 年我国 30 个省份的指标数据，构建我国新型城镇化综合评价体系，采用定基极差熵值法、探索性空间数据方法、泰尔指数、σ 收敛、空间计量模型等方法进行实证分析，进而提出相关的政策建议。具体创新点体现在：

（1）构建新型城镇化综合评价体系。从综合指标体系的构建来看，学术界对新型城镇化内涵的认识尚未达成一致，指标体系的构建缺乏科学而清晰的标准。一方面，多数文献关注城镇化的静态结果，对城镇化的动态过程有所忽略；另一方面，指标选择存在一定的主观随意性，当强调城镇化的某个特征时，倾向于引入更多的相关指标变量，但这样做有可能引起各指标的共线性而产生结果的偏误。本研究将城镇化发展的静态结果与动态过程结合在一起，从发展质量、发展效率和城乡协调三个维度构建新型城镇化综合评价体系，与以往的研究相比，更科学和系统。

（2）采用定基极差熵值法对新型城镇化质量进行测度。定基极差熵值法是熵值法与定基极差法的综合运用。其优点在于：一方面，熵值法基于信息熵计算各指标的权重，不仅能够反映不同指标对城镇化质量的影响，同时还能体现同一指标在不同时期对城镇化发展的作用。这种客观赋权法计算精度高，且不易受到主观因素影响。另一方面，定基极差法以某年作为基准年进行无量纲化处理，可以解决传统标准化法仅在空间上进行比较，而不具备时间上的可比性的缺点，从而有助于我们对时空双维度上的城镇化质量变化趋势进行有效刻画。

（3）运用空间计量分析方法分析新型城镇化的影响因素和动力机制，避免传统计量方法可能存在的偏误。虽然既有文献也有采用空间计量方法研究城镇化的发展问题，但通常采用城镇化率这个简单指标，无法体现新型城镇化的丰富内涵。此外，通过对总效应的分解，能够准确地反映解释变量对被解释变量的影响。

（4）通过对传统引力模型的扩展，从空间视角探讨了FDI区位选择的相关性，并发现FDI对城镇化的直接效应与空间溢出效应均显著为正，但对各区域的影响不尽相同。空间溢出效应是我国新型城镇化发展的空间差异未出现收敛趋势的一个重要原因。

（5）发现FDI对新型城镇化的直接效应和空间溢出效应均表现为U形非线性特征，而且，各省份的技术水平和外资进入程度对FDI空间溢出效应具有调节作用，研发投入和劳动力就业则是产生这种U形效应的重要渠道，这些因素在一定程度上解释了FDI对各省份新型城镇化影响的差异性。

上述研究结果有助于观察和把握我国新型城镇化质量的现实状态和发展趋势，为进一步提升我国新型城镇化水平和为促进区域均衡发展提供理论支撑；同时，为我国各级政府制定差异化的新型城镇化发展战略与引资政策提供政策建议。

第 2 章　城镇化发展的国际经验

第二次世界大战之后,世界各国城镇化发展迅速,尤其是以美国、英国和日本为代表的发达国家。据世界银行统计,2010年发达国家城镇化平均水平高达76.0%,而世界平均水平仅为51.8%,发达国家的城镇化水平远高于发展中国家。联合国《世界城镇化前景报告》显示,2014年全球城镇化水平为54%,预计2050年可增至66%,亚洲和非洲将贡献其中90%的增长,这标志着发展中国家的城镇化开始不断加速。

从发达国家城镇化的发展历程看,城镇化同时伴随着工业化的发展。工业革命的发源地英国从19世纪中叶起,工业与农业的分工逐步形成,农村工业化的发展促使城市规模扩张,从而促成并加快了英国的城镇化。美国的工业化相对较晚,第二次工业革命在科技迅速发展的带动下,农业机械化取代了传统的手工劳作,劳动生产率的提升和交通运输业的发展加速了人口流动,从而为美国城镇化的兴起提供了有利的条件。日本则是在明治维新的背景下积极学习西方先进技术,尤其是第二次世界大战之后工业化的快速提升,使日本一跃成为世界第二大经济体,也加快了其城镇化的进程。

这种城镇化与工业化相辅相成、相互促进的特征,使得城镇化在空间格局上烙上了工业化的印记。由于工业化的发展常常带动人口的流动和集中,与此同时,劳动生产率的提高又带来了产业机构升级和就业结构转型,人口和经济活动的集中以及产业集聚导致城镇化出现区域空间集聚现象。经济体的经济活动和人口在少数大型城市或区域过度集中，由此引发的过高的房价、拥挤的交通和恶化的城市环境是发达国家在城镇化过程中普遍遇到的问题。这种城镇化过程中的空间格局的不合理，让我们看到了许多国家出现的巨型城市。日本和韩国出现的类似情况被称为"巨型城市＋快速轨道交通系统＋郊区的睡城"的日韩模式，而拉美国家的情况则被称为"巨型城市＋贫民窟"拉美模式。

2.1 城镇化发展的空间模式

2.1.1 大城市还是小城市

研究表明，在经济发展过程中，生产和人口在一国或区域的集中度呈倒 U 形（Williamson，1965；Barro & Sala－I－Martin，1992；Davis & Henderson，2003）。发展初期，随着城镇化、工业化和农业现代化的进程，人口不断向大城市流动，经济活动空间日益集中，城市规模也随之膨胀。城市人口和生产的集中可以带来规模经济和集聚效应，但由于城市间劳动生产率差异较大，人口并非均匀流入各城市。拥有较高工资水平、较完善公共服务和基础设施、较多财政补贴的城市对人口有更强的吸引力，这种对人口的锁入效应引发人口和就业增长的自循环机制，成为产业集聚和经济增长的新动力。然而，人口和生产的过度集中给城市带来巨大压力，交通拥挤、房价飙升、环境污染和公共产品短缺现象普遍，大城市生活质量下降。与此同时，生活水平的提高促使人们对居住条件和生活环境的要求较高,从而带动中小城市的发展。

但这种大城市带动中小城市均衡发展并不是在所有国家都能实现,英国和美国等国家实现了,而日本、阿根廷、智利等国家并未实现。第二次世界大战结束之前,工业化带动下的英国城镇化基本是大城市发展模式,人口不断从乡村和小镇向中心城市集聚。但第二次世界大战之后的城市绿带政策鼓励人口向郊区转移,在中心城市周围规划新城镇,最终从一定程度上完成了城乡一体化。而日本则在城镇化进程中导致大量人口集聚在东京等城市,城市过度膨胀产生了交通拥挤、生活成本剧增等问题,并导致日本经济长期停滞(陈利峰等,2012)。

国内学术界关于城镇化发展的模式有两种不同的观点。以王小鲁和童大焕为代表的学者基于集聚效应,主张优先发展大城市;以费孝通和肖金成为代表的学者则认为"离土不离乡,进厂不进城"的优先发展小城镇的模式有利于城乡文化和市场的融合,比较符合中国乡村人口过多的现状。由于生产要素高度集聚产生的规模经济和集聚效应以及市场竞争的选择效应,使得大城市拥有较高的生产效率。从城市动态演化的角度来看,优先发展大城市并带动小城镇的经济增长具有一定的优势,但也可能导致"城市病"或者南美国家的"巨型城市+贫民窟"模式。小城市的分散式发展模式有利于吸纳农村剩余劳动力,缓解大城市人口压力,限制大城市的盲目发展,但也带来乡镇企业规模不经济、土地资源配置不合理和环境恶化等一系列弊端。因此,哪种城镇化发展的空间模式更为合理?应选择哪种城镇化路径值得我们深入的探讨。下面我们从劳动力的角度分析城市经济的规模均衡。

2.1.2 城市规模的均衡模型

一方面,由于大城市的规模经济和集聚效应,有利于技术创新、分工和专业化,从而提高劳动生产率。较高的劳动生产率带来较高的收入,吸引更多的劳动力,尤其是优秀的人力资本进入,城市规模进一步扩大。这种极化效应在空间上非均衡传播,区域的空间差异开始凸显。另一方面,随着城市的扩张和人口的集聚,开始出现交通拥挤、环境污染严重、房价攀升和资源紧张,生活成本升高,这在一定程度上抑制了城市人口的增长。如图2-1所示,n代表劳动力的规模,工资曲线和生活成本曲线均随着劳动力规模的增加而增加。

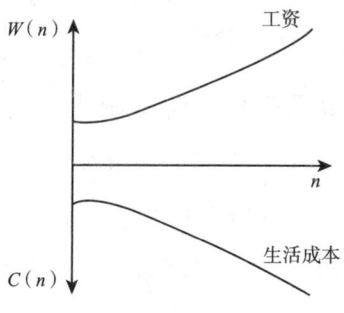

图2-1 工资和生活成本曲线

城市的集聚效应拉动工资的上涨,拥挤效应则推高生活成本,假定工资减去生活成本为劳动力的收益,收益曲线如图2-2所示,呈倒U形。原因在于,城市扩张初期,集聚效应远大于拥挤效应,工资的增长也大于生活成本的上升,从而收益曲线呈上升的趋势。当收益曲线达到最高点B后,城市规模的过度膨胀使拥挤效应的影响超过集聚效应,生活成本增长的速度也超过工资增长速度,收益曲线下降,大城市对劳动力的吸引力开始减少。

对应于收益曲线的是城市拥有劳动力的数量,即劳动力供给曲线。如果劳动力能自由流动,供给曲线为水平。由于我国城乡分割的二元户籍制度等因素,劳动力转移存在障碍,因而供给曲线向上倾斜。区域间工资差距决定了供给曲线的截距大小,一般而言,工资差距越大,截距越小。收益曲线与劳动力供给曲线的交点决定了城市规模达到均衡的劳动力数量。如图2-2所示，城镇化初期，城市规模的均衡状态在 A 点。但 A 点并不稳定，人口小幅增加将大大强化集聚效应和规模效应，而生活成本增加不明显，从而收益大幅提升，更多劳动力流入城市。如果 A 点的人口稍微减少，将导致收益明显下降。因此，缺乏集聚效应的小城市人口很不稳定，有往大城市迁移的动力。收益达到极值 B 时，人口并未停止向城市转移，较大的区域工资差距驱动人口持续迁移直到 C 点。C 点是城市规模稳定的均衡点，劳动力增加导致收益减少，人口流入减少；劳动力减少将增加收益，人口开始流入。

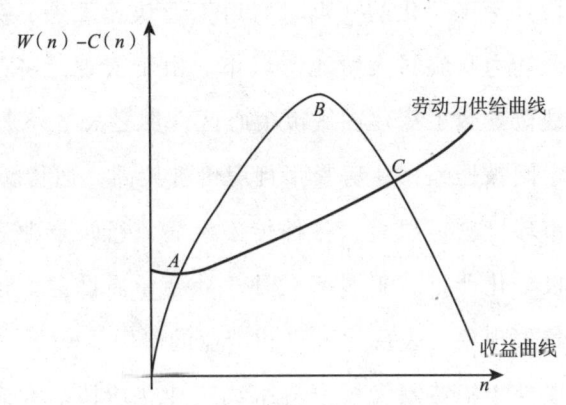

图 2-2　城市劳动力均衡模型

2.2 从空间分布看发达国家城镇化的阶段性特征

纵观发达国家城镇化发展的整体过程，不难发现一些共同的特征，除了工业化和城镇化的良性互动，空间分布的特点也是非常明显的。空间格局一般表现为生产和人口的空间特征。汉森（1990）以及戴维斯和汉德森（2003）提出的倒 U 形理论认为，随着一国经济发展水平的提升，生产和人口在区域中的集中度表现为倒 U 形。经济增长初期，人口倾向于流向以大城市为代表的高增长地区。随着经济水平的不断提高，人们对生活环境和质量的要求也逐渐提升，中小城市会得到相应的发展，生产和人口的空间集聚呈下降趋势。

可以说，发达国家城镇化的发展也是一个从空间集聚到空间分布趋于合理的过程。学术界通常把发达国家的城镇化分成四个阶段，即集中型城镇化、郊区城镇化、摒弃型城镇化和新型城镇化。

第一个阶段处于工业化的初期，城市工业快速发展，劳动力市场呈现供不应求，劳动力从农村大量流向城市。由于宏观经济政策的调控滞后，城市规划缺位导致工厂建在城市中心区，加之大量外来人口的进入，城市居民生活空间被压缩，住房紧张且房价被拉高，通货膨胀随之出现。与此同时，城市环境破坏严重，各种传染疾病流行，产业工人生活条件恶化，社会两极分化严重，犯罪率上升，社会矛盾凸显。该阶段城市出现明显的空间集聚现象，表现为人口和产业的集中。

第二个阶段处于福特制大规模流水线工业化阶段。大规模流水线的工业化加大了工厂对劳动力的需求，农村剩余劳动力大量涌入城市。生产和人口的过度集中破坏了生活环境，加剧了城市污染，失业率开始上升，犯罪率依旧高居不下，而基础设施的建设较为滞后，富人阶层开始转到郊区生活，不同收入群体在空间上出现分化现象。该阶段城市规模无限扩张，出现规模不经济的现象。政府吸取以往的教训，积极发挥宏观调控的作用，集中财力进行公共基础设施的建设，工厂从中心城区移至郊区，服务业开始在市中心集聚。虽然部分群体转移至郊区，但总体上看，人口依然向城市中心集中。

第三个阶段是摒弃型城镇化，处于后工业化阶段。后工业化时代的城市环境进一步恶化，生活质量的下降导致更多的人口从城市中心迁至远郊或乡村，空间分化加大，城市人口的空间集聚呈下降趋势。但部分厂房和居民住房开始出现空置，失业率上升，政府既要投入资金进行城市建设，还要保证失业人员的基本生活。

随着信息时代和知识时代的到来，发达国家进入新型城镇化阶段。经过政府治理，该阶段城市环境得到大幅改善，失业率和犯罪率都有所降低，一种以共同治理为核心的社会新型治理模式出现。一方面，城市生活成本和压力的增大促使人们纷纷选择离开城市生活；另一方面，信息技术革命创造更多的就业机会，并且大大提高了收入水平，城市对劳动力的吸引力不断增加。于是，人口的流动表现为城镇与乡村之间的双向流动，城镇人口的空间分布趋于合理。

2.3 发达国家的城镇化发展经验

如前所述，国外发达国家的城镇化发展水平大大领先于发展中国家，尤其是英国、美国和日本，其城镇化率已经超过85%，基本完成了城镇化，而这些国家各具特色的发展过程将为我国新型城镇化建设提供宝贵的经验借鉴。

2.3.1 英国的发展经验

首先，加强农业发展的基础地位。15世纪末的"圈地运动"有利于英国原始资本的积累，客观上加速了城镇化的进程，但也大大地破坏了农业生产力，并加剧了英国的社会矛盾。第二次世界大战之后英国政府认识到农业的发展在城镇化过程中的重要性，立法确立了农业的主体地位，明确了农业与城镇化相辅相成的发展思路，不以牺牲农业作为城镇化的代价。之后，农业的稳步发展为城镇化提供了必要的物质基础，奠定了英国城镇化发展的基石。

其次，以工业化为前提逐步推进城镇化发展。不同于其他发达国家，英国创造了一种新的工业化发展模式，即乡村工业。这种模式立足于农村，通过乡村工业的集中发展，实现农业的规模经济，从而在农业和工业之间寻求合理分工，进而将农民转化为产业工人，带动工业化的发展。这种乡村工业的发展模式的好处在于，在不损害农民乡土情结的基础上，将乡村改造为宜居城镇，带动当地工商业、服务业和生活水平的提升，缓解大城市就业和消费的压力，从而顺利实现城乡融合。

最后，建立社会保障体系，解决空间结构失衡问题。英国政府通过宏观调控，制定一系列公共政策，建立福利国家制度，完善社会保障制度。在这个过程中，英国本着以人为本的理念，消除城镇化过程中空间结构失衡问题，注重缩小贫富差距，消除贫民区。同时加强公共卫生医疗体系和基础设施建设，大幅提高城镇公共医疗水平，并为居民提供各种教育服务和职业培训，建立全方位多元化的社会保障制度。

2.3.2 美国的发展经验

19世纪末美国对市际公路系统的建设拉开了城镇化的序幕，城市交通网络的建设成为政府公共工程的重点。20世纪中叶的《联邦援建公路法》进一步形成了美国交通运输网的总体规划，为城市和郊区间人口流动提供了便利。由于多数小城镇主要分布在城际和州际公路网上，科技进步和汽车的普及使得交通设施成为美国早期城镇化发展的重要推动力。

在交通设施建设的过程中，美国政府非常重视小城镇的规划。政府主导的"示范城市"计划促使大量大城市人口流向中小城镇，这种人口的分流促进了城际之间的纽带关系和城市对乡村的辐射效应，从而在很大程度上缩小了城镇与郊区、城镇与农村之间的差异，资本、土地和人口等要素在这种城镇化的良性互动中自由流动也有助于美国经济增长中空间差异的减小。

城镇化发展过程中，为了降低城市人口密度，缩减城乡差异，美国政府的政策导向使得大量城市居民移至郊区，从而造成了过度郊区化的问题。这种过度郊区化造成土地资源浪费，出行成本过高，且社会服务和基础设施建设的使用和费用支出效率不高。因此，美国政府通过市县合并以发挥大都市地区政府的作用，并积极发展半官方性质的民间组织，鼓励公共参与城镇规划布局和环境保护，从而规范了过度郊区化，实现了可持续发展。

2.3.3 日本的发展经验

日本作为一个法制化程度较高的国家，为了保证城镇化的顺利发展，从国土开发和城乡发展两个层面制定并通过了不少相关法律法规。国土开发方面，日本政府为城镇化的总体规划和基本模式制定了《国土综合开发法》，并在此法律的基础上，分别根据各地实际情况推出了诸如《北海道开发法》《四方地方开发促进法》等地方性法规。城乡发展方面则制定了《山区振兴法》和《关于促进地方中心小都市地区建设及产业业务设施重新布局法》，以促进偏远山区和乡村工商业的发展。

与美国过度郊区化正好相反，日本出现了另一个问题，即"大城市病"。"大城市病"表现为大量人口在中心城市集聚,从而出现交通拥挤、环境恶化和就业压力大等问题;与此同时,居民对住房的巨大需求导致房价过高,生活质量严重下降。城镇化发展中,日本少数中心城市获得优先集中发展,人口和资源迅速向这些城市集聚,城市规模和功能结构随之快速扩展导致某些城市迅速膨胀形成大城市甚至巨型城市。1980年日本八大都市区的人口占全国城市人口的72.87%。经济体中生产和人口过度集中将导致经济发展的停滞(Henderson,2003)。而且不少研究也表明,人口和生产的过度集中是日本经济长期停滞的一个重要原因(陈利锋等,2012)。因此,日本的教训告诉我们,城镇化进程中如何合理分配资源和空间布局对经济体的健康发展意义重大。

2.4 本章小结

城镇化进程中各国在如何合理配置资源、生产和人口如何在空间上合理分布方面均遇到了不少问题。虽然美国更加强调市场为主、政府调控为辅,而英国和日本则以市场机制为基础,大力发挥政府宏观调控的作用,但三国都不约而同地采用市场机制和政府宏观调控并行模式。这种市场与政府并行的发展模式可以分为以英国为代表的政府主导型和以美国为代表的市场主导型两种。

英国的政府主导型发展模式虽然强调政府宏观调控的重要作用,在城镇化过程中制定并实施国家城镇化战略,大力发展基础设施建设和社会福利保障体系,但也充分尊重"看不见的手"对资源的配置作用,允许资本、人口等要素的自由流动。日本则更加依靠政府制定的相关法律法规来指导城镇化的进程。而美国在自由放任的思想下以市场机制为先导，出现过度郊区化等问题后加强政府调控的力度，有效地保证了城镇化的健康发展。因此，市场机制和政府宏观调控各有利弊，如何更好地协调两者的关系是我国发展新型城镇化的重要课题。

第3章 新型城镇化综合评价体系构建

3.1 新型城镇化的内涵

随着改革开放40多年的经济快速增长，我国城镇化水平显著提升。2018年国家统计局公布的数据表明，我国城镇化率从1978年的17.9%提高至2017年的58.5%（田雪莹，2018）。研究表明，中国城镇化率每增加1%，市场需求将增加约7万亿元（蓝庆新等，2017）。在"新常态"阶段，城镇化已然成为中国经济持续稳定增长的新动力。《国家新型城镇化规划（2014—2020年）》明确提出，城镇化是我国现代化的必由之路，是解决农业、农村、农民问题的重要途径，是推动区域协调发展的有力支撑，是扩大内需和促进产业升级的重要抓手。作为经济体量最大的发展中国家，中国的城镇化发展颇为引人关注，诚如斯蒂格利茨所言："中国的城市化与美国的高科技发展将是影响21世纪人类社会发展进程的两件大事。"

然而，以人口城镇化为主的传统发展模式逐渐暴露出增长方式粗放、区域发展不均衡、城乡发展不协调等问题，同时，城市规模的迅速膨胀滋生出公共服务紧缺、环境恶化和房价过高等一系列"城市病"。这不仅制约了我国城镇化发展,也不能适应新形势下我国经济的协调发展。从经济发展效率、居民生活、环境质量、城乡协调等标准看,目前我国社会发展与城市型社会水平尚有不小差距。如何解决传统城镇化发展中产能过剩、环境污染、发展效率低下等问题,向绿色化与集约化发展转型,已成为中国当前面临的重大挑战。党的十八大和十八届五中全会提出"提升城镇化质量,推动以城镇化为重点的经济结构战略性调整和城乡发展一体化建设","坚持绿色发展,构建科学合理的城市化格局"的新型城镇化发展战略。

"新型城镇化"一词是与"新型工业化"战略共同提出的,主要目的是依托产业融合推动城乡一体化。随着2012年中央经济工作会议首次正式提出"把生态文明理念和原则全面融入城镇化全过程,走集约、智能、绿色、低碳的新型城镇化道路",新型城镇化的内涵越来越受到学术界的关注。国外学者主要从全球、国家和经济发展阶段三个视角进行研究。全球视角重点考察世界各国的城镇化与经济、社会和人口变化之间的关系;国家视角则根据具体国家的特点有针对性地分析城镇化发展状况;经济发展阶段视角着重探究城镇化内涵在不同阶段的特征,为城镇化进程提供指标体系参考和标杆。国内研究侧重从新型城镇化的不同层面对新型城镇化的内涵进行全面且深入地研究。近年来,学术界在叶裕民(2001)、国家城调总队和福建省城调队课题组(2005)的研究基础上取得了颇为丰富的成果。

比如,欧向军等(2008)认为城市化是人口构成、地域景观、经济结构和生活方式等向城市特征变迁的系统过程,从这四个方面综合分析了城市化内涵及其发展水平。陈明星等(2009)将城市化的内涵归结为四个方面:一是人口向城镇的集中,二是经济结构的非农化,三是地域景观的城市化,四是生活方式的城镇化。基于此,他们从人口城市化、经济城市化、土地城市化和社会城市化四个层面构建综合评价体系来凸显城市化的丰富内涵。魏后凯等（2013）将新型城镇化的实质视为经济结构、社会结构和空间结构的变迁，其本质内涵应以城镇自身发展质量为核心内容，以城镇化推进效率为基础和前提，以城乡协调发展为重要保障。杨璐璐（2015）认为社会经济发展效率和生态效率是新型城镇化发展中的重要内容，而以往研究或多或少有所忽略，因而，在对中部六省城镇化发展的空间格局演变的研究中着重地考虑了这一内容。

董晓峰等（2017）对新型城镇化理论进行了系统探讨，将新型城镇化的内涵总结为以人为本，以新型产业化为动力，在统筹兼顾的原则下实现城乡统筹、生态集约和高效协调的发展目标。肖振宇等（2017）基于城市群视角从新型度对新型城镇化的内涵进行解读。他们认为城市群作为新型城镇化发展的高级阶段，将成为新型城镇化的主要形态，并从城市群新型城镇化的新型度的六个方面剖析了新型城镇化的具体内涵，为我们提供了一个新的视角。于伟等（2018）从包容性发展的视角诠释新型城镇化的内涵，认为新型城镇化是以发展机会平等为逻辑起点、以发展内容全面为基本要求、以发展成果共享为根本目的的综合体现。任远（2018）从人口城镇化、产业城镇化和土地城镇化的内在平衡性问题出发，将结构调整、效率提升和管理服务的加强视作内涵式城镇化发展的本质，只有实现结构与空间的平衡以及管理服务能力的提升，才能不断深化新型城镇化的发展。熊湘辉和徐璋勇（2018）主张新型城镇化的核心理念是"以人为本"，其目的在于人口素质和生活质量的提升，成果共享的发展理念、资源集约型的发展模式、科学紧凑的空间格局以及城乡协调的发展道路是新型城镇化有别于传统模式的本质内涵。

3.2 综合评价体系的构建

3.2.1 文献评述

构建综合评价体系的通常做法是，先剖析新型城镇化的内涵与特征，找到新型城镇化的核心与标准，确立一级指标；接着从经济发展的各个层面甄别出对各一级指标产生影响的不同因素，确立二级指标；最后选取具体指标完成综合指标体系的构建。较早且较为全面构建城镇化质量综合评价体系的是叶裕民（2001），他从经济现代化和城乡一体化两个层面评估了9个城市的现代化水平，发现我国城镇化质量偏低，城乡发展不协调，尚处于二元结构向城乡一体化过渡阶段。在此研究的基础上，国家城调总队和福建省城调队课题组（2005）确立了城镇化核心载体和区域载体两个一级指标，基于经济发展、居民生活、社会发展、基础设施、生态环境、城乡统筹和区域协调发展等6个子系统（二级指标）选取具体指标构建城镇化质量评价体系。结果发现，我国城镇化质量区域差距较大，且城镇化质量的内容也表现各异，华东地区的发展质量最优。该研究第一次将社会发展和生态环境引入评价体系，为后来的研究提供了较为完整的思路。接着，欧向军等（2008）、陈明星等（2009）分别从人口、经济、社会和土地四个层面综合考察城镇化发展水平，在此基础上，一些学者将城镇化效率、机会均等、同步协调、成果共享、资源配置等因素引入城镇化综合评价体系，通过丰富和完善新型城镇化的内涵更全面和科学地评价我国城镇化质量（徐素等，2011；方创琳和王德利，2011；吕丹等，2014；张引等，2015；梁炳伟和雒占福，2017）。

近几年，随着对新型城镇化理解的深入以及方法的完善，国内相关研究也更趋丰富。郑大川等（2016）采用多指标聚类法对我国区域城镇化质量进行分类，综合考虑了各地区城镇化在同一时点上的绝对水平和时间序列上的发展变化，以期科学、客观地反映城镇化的真实水平。张跃胜（2017）从空间和要素两个视角分析了我国城镇化质量的区域差异，认为内涵式发展是推动和解决城镇化协调发展的关键。蓝庆新等（2017）从城镇化发展质量、推进效率和协调程度三方面构建评价体系，发现区域城镇化质量总体上和各要素发展均差异明显，城镇化率与城镇化质量并不同步。他们基于城镇化率与城镇化质量的协调程度提出了有针对性的对策建议。朱鹏华和刘学侠（2017）认为，以城镇化的结果来衡量城镇化质量过于片面，城镇化的过程也是城镇化质量的一个侧面。他们用城镇发展质量和城乡协调程度来体现城镇化的结果，用城镇化效率衡量城镇化的过程，构建了一个结果和过程、静态和动态的统一的评价体系。研究发现，城镇发展质量最高，城乡协同度是制约我国城镇化发展的主要因素。余江和叶林（2018）采用网络分析法和因子贡献法，以2020年发展目标为标杆，从城镇化水平、基础公共服务、基础设施和资源环境4个维度度量我国新型城镇化质量的同步水平。他们发现，中国城镇化发展空间差异明显，且城镇化质量滞后于城镇化率是现阶段我国新型城镇化的主要特征。

3.2.2 体系构建

城镇化是一个复杂且系统的动态过程，如何界定城镇化质量的内涵是我们构建城镇化质量评价体系的基础。从宏观上看，城镇化质量是社会发展水平、居民生活水平、环境水平和城乡协调水平等的综合表现；从微观上看，城镇化质量则是企业发展状况、技术进步、产品和服务水平等的综合体现。城镇化质量评价体系不仅需要全面反映城镇化以人为本、可持续和协调发展的核心内涵，还要做到层次分明、重点突出。如前所述，目前国内学术界对城镇化质量综合指标体系的内容尚未达成一致，而且多数文献仅从城镇化的结果来衡量城镇化质量，忽略了城镇化过程中的发展效率，城镇化过程的效率恰恰可以反映城镇化的动态特征。如魏后凯（2014）所言，城镇化发展质量是城镇化质量的核心，城镇化效率是城镇化质量的基础，城乡协调状况则是城镇化质量的保证。城镇化质量作为过程与结果的统一体，无论忽略哪一方面都无法全面地评价我国城镇化的发展。因此，本研究借鉴朱鹏华和刘学侠（2017）的思路，从城镇发展质量、城乡协调状况和城镇发展效率3个维度构建综合指标体系来综合评价我国城镇化质量。

从现有文献来看，构建城镇化质量综合评价体系时倾向于加入尽可能多的指标，这样做的优点在于，能够更好地体现城镇化的丰富内涵以及城镇化与经济发展的复杂关系。但体系中具体指标的数量并非越多越好，因为指标间可能存在的共线性容易导致结果的偏误。因此，我们在构建城镇化质量综合指标体系时尽量以最简明指标反映城镇化质量的本质内涵（具体指标见表3-1）。为了消除不同省市间人口规模差异的影响，各项指标均采用人均指标。

表3-1　　　　中国新型城镇化质量评价指标体系

一级指标	二级指标	三级指标	单位	类型
城镇发展质量指标	经济发展质量	人均GDP	元	正向
		第三产业产值占比	%	正向
		人均财政收入	元	正向

续表

一级指标	二级指标	三级指标	单位	类型
城镇发展质量指标	社会发展质量	每万人拥有专利申请授权数	件	正向
		人均财政教育支出	元	正向
		每十万高等学校在校生	人	正向
		万人拥有床位数	张	正向
		每百万人公共图书馆数	个	正向
		长途光缆每地区面积	米	正向
		人均城市道路面积	平方米	正向
		城镇居民人均可支配收入	元	正向
		城镇登记失业率	%	逆向
		城镇居民恩格尔系数		逆向
		每万人拥有公共厕所数	个	正向
	生态发展质量	单位GDP治理环境投资额	%	正向
		单位工业产值废水排放量	吨/万元	逆向
		单位工业产值废气排放量	立方米/万元	逆向
		森林覆盖率	%	正向
		人均绿地面积	平方米	正向
		建成区绿化覆盖率	%	正向
城镇化效率指标	经济社会效率	单位固定资产投资实现GDP	%	正向
		单位建成面积实现GDP	元/平方公里	正向
		单位建成面积吸纳城镇人口数量	万人/平方公里	正向
	生态环境效率	单位GDP电耗	千万小时/万元	逆向
		单位GDP水耗	立方米/万元	逆向
		单位GDP能耗	吨标准煤/万元	逆向
城镇化协调指标	同步协调	IU比		适中
		NU比		适中
		城镇化经济增长速度协调指数		正向
	城乡统筹	城乡居民人均可支配收入比		正向
		城乡居民人均消费比		正向
		城乡居民家庭恩格尔系数比		适中
		城乡每千人医疗卫生机构床位比		正向
		城乡每千人拥有卫生人员数比		正向

1. 城镇发展质量指标

城镇化发展首先表现为人口城镇化，即农村人口向城镇转移。城镇对农村人口的吸引力主要源于其良好的经济发展状况、公共服务水平与社会福利、居住环境等，这些集中反映了城镇发展质量的经济、社会和生态环境的发展水平，这里用经济发展质量、社会发展质量和生态发展质量3个二级指标来考察。首先，影响经济发展质量的因素很多，这里选择人均 GDP、第三产业产值占比和人均财政收入3个三级指标，均为正向指标。其次，社会发展质量需要考量的因素更多，基于重点突出的原则，这里选取每万人拥有专利申请授权数、人均财政教育支出等11项三级指标，分别从吃、用、住、行、文化、教育和医疗等方面综合体现社会发展状况。其中，城镇登记失业率和城镇居民恩格尔系数为逆向指标，其他指标均为正向。最后，我们选取单位 GDP 治理环境投资额、单位工业产值废水排放量等6项三级指标来考量城镇的生态发展质量。其中，单位工业产值废水排放量和单位工业产值废气排放量为逆向指标，其他指标为正向。

2. 城镇化效率指标

城镇化发展效率反映的是城镇化进程中的动态特征，表现为经济、社会和生态等方面资源的利用效率。这里从经济社会效率和生态环境效率两方面进行考察。经济社会效率与城镇化效率正相关，我们选取的单位固定资产投资实现 GDP、单位建成面积实现 GDP 和单位建成面积吸纳城镇人口数量3个三级指标均为正向。从发达国家工业化和城镇化的经验看，城市生态环境问题在城镇化进程中难以避免。这里选取单位 GDP 电耗、水耗和能耗3个三级指标来考察生态环境效率，3个指标均为逆向。

3. 城镇化协调指标

城镇化是一个系统性工程，城镇化进程中城市与农村是相互依存的关系，不能将两者割裂而应协调发展。因此，我们将城乡发展协调程度纳入城镇化质量评价体系中。城镇化协调指标涉及同步协调和城乡统筹两个方面。同步协调包括水平同步协调和速度同步协调2个三级指标。水平同步协调采用国际较为认可的标准值法，用 IU 比和 NU 比来度量工业化和城镇化的互动关系。IU 比为劳动力工业化率与城镇化率的比值，NU 比则为劳动力非农化率与城镇化率的比值[①]。IU 比和 NU 比分别大致为 0.5 和 1.2 时，表示城镇化与工业化发展水平较为同步协调；IU 比和 NU 比分别明显低于 0.5 和 1.2 时，表示城镇化发展水平较之工业化更为超前；IU 比和 NU 比分别明显高于 0.5 和 1.2 时，则表示城镇化发展滞后于工业化进程。速度同步协调指标用城镇化经济增长速度协调指数来度量，它是城镇化率年均增长速度与人均 GDP 年均增长速度的比率，能够反映城镇化与经济增长之间同步协调关系。城乡统筹由城乡居民人均可支配收入比、城乡居民人均消费比等5个三级指标构成。

3.3
本章小结

新型城镇化是一个系统工程，也是一个动态过程，其内涵涉及经济与社会发展、生态文明建设以及城乡协调发展等各个层面，是城镇

[①] 其中，劳动力工业化率表示工业劳动力占总劳动力的比重，劳动力非农化率表示非农产业劳动力占总劳动力的比重。

化静态结果与动态过程的综合体现。本章借鉴以往学术界的研究成果，以城镇发展质量和城乡协调程度考察城镇化的结果，以城镇化效率衡量城镇化的过程，构建新型城镇化综合评价体系。具体而言，城镇发展质量分为经济、社会和生态三个层面；城乡协调程度分为同步协调和城乡统筹两个层面；城镇化效率则从经济社会和生态环境两方面进行分析。

第4章 新型城镇化测度与空间特征分析

4.1 新型城镇化测度

4.1.1 测度方法

为了更好地理解和评价我国新型城镇化发展的状况，对新型城镇化质量进行测度是必要的。测度方法一般分为主观赋权法和客观赋权法两种。比如，梁振民等（2013）从人口、经济和空间三方面构建指标体系，采用均方差赋权法和质量与速度协调测度模型对城镇化质量进行测度，并以聚类分析法将城镇化质量划分为3个层级，从经济地理学角度分析各个层级的特征，进而剖析地域层级产生的内在机理。何平和倪苹（2013）从发展的集约性、均等化和可持续性的角度建立评价体系，运用专家赋权法对城镇化质量进行测度，并通过与城镇化率的比较，论证了城镇化质量更能反映我国城镇化的真实状况。蓝庆新等（2017）将城镇化推进效率、城镇化水平同步协调程度与城镇发展质量纳入新型城镇化质量评价体系，采用熵值法和层次分析法结合的主客观赋值法进行测度，发现我国新型城镇化质量整体不高，且各地区发展水平不均衡。朱鹏华和刘学侠（2017）综合城镇化的静态结果与动态过程，运用熵值法和"德尔菲法+层次分析法"测度我国新型城镇化质量。研究显示，截至2016年我国城镇化发展经历了快速起步、波动徘徊、低速增长和高速增长四个阶段。田雪莹（2018）采用改进的熵值法对1995—2016年我国城镇化水平进行测度，认为中国城镇化发展的整体水平大幅提升，但人口、经济、生活质量、社会文化和基础设施建设等各个层面的发展存在差异。余江和叶林（2018）认为，较之传统的城镇化，新型城镇化是社会和环境的协调发展，应该更强调城镇化效率和城市服务功能。他们采用专家群决策的网络分析法和基于变异系数的因子贡献法对我国城镇化质量进行时空测度和比较，发现质量滞后是现阶段城镇化的主要特征。

此外，还有一些研究采用相关系数法、GIS空间自相关、热点区分析法、模糊综合评价法、遗传算法、TOPSIS法、数据包络分析法、阿特金森模型等方法，从省域、市域和县域等不同空间尺度对我国新型城镇化质量进行了实证研究（方创琳和王德利，2011；杨璐璐，2015；朱鹏华和刘学侠，2017；于伟等，2018）。

本书采用定基极差熵值法进行测度分析。定基极差熵值法是熵值法与定基极差法的综合运用，熵值法用来确定指标权重，定基极差法则以极差标准化法对指标数据进行无量纲化处理，最后加权得到综合评价指数。采用该方法的原因在于，一方面，熵值法基于信息熵计算各指标的权重，不仅能够反映不同指标对城镇化质量的影响，同时还能体现同一指标在不同时期对城镇化发展的作用。这种客观赋权法计算精度高，且不易受到主观因素影响。另一方面，定基极差法以某年作为基准年进行无量纲化处理，可以解决传统标准化法仅在空间上进行比较，而不具备时间上的可比性的缺点，从而有助于我们对时空双维度上的城镇化质量变化趋势的有效刻画。定基极差熵值法的具体步骤如下：

步骤1：为了比较不同量纲和单位的指标，首先需要将异质指标同质化，通常的做法是数据标准化：

正向指标：

$$\varphi_{ij} = \frac{x_{ij} - \min\{x_{1j},\cdots,x_{nj}\}}{\max\{x_{1j},\cdots,x_{nj}\} - \min\{x_{1j},\cdots,x_{nj}\}} \quad (i=1,2,\cdots,m; j=1,2,\cdots,n) \tag{4.1}$$

逆向指标：

$$\varphi_{ij} = \frac{\max\{x_{1j},\cdots,x_{nj}\} - x_{ij}}{\max\{x_{1j},\cdots,x_{nj}\} - \min\{x_{1j},\cdots,x_{nj}\}} \quad (i=1,2,\cdots,m; j=1,2,\cdots,n) \tag{4.2}$$

适中指标：

$$x'_{ij} = |x_{ij} - T| \quad (i=1,2,\cdots,m; j=1,2,\cdots,n) \tag{4.3}$$

其中 T 为 x_{ij} 的适度值，IU 比、NU 比和城乡居民家庭恩格尔系数比的适度值分别取 0.5、1.2 和 1。适中指标通过式（4.3）转化为逆向指标，再用式（4.2）进行标准化处理。

t 年第 j 个指标下第 i 个值所占比重：

$$p^t_{ij} = \frac{\varphi^t_{ij}}{\sum_{i=1}^{n} \varphi^t_{ij}} \quad (i=1,2,\cdots,m; j=1,2,\cdots,n) \tag{4.4}$$

步骤2：计算 t 年第 j 个指标的熵值：

$$e^t_j = -\frac{1}{\ln m} \sum_{i=1}^{m} p^t_{ij} \ln p^t_{ij} \quad (0 \leq e^t_j \leq 1) \tag{4.5}$$

步骤3：计算 t 年第 j 个指标的权重：

$$w^t_j = \frac{1 - e^t_j}{\sum_{j=1}^{n}(1 - e^t_j)} \tag{4.6}$$

我国城镇化质量评价指标体系及指标权重如表 4-1 所示。

表 4-1　我国城镇化质量评价指标体系及指标权重

一级指标	二级指标	三级指标	单位	类型	权重
城镇发展质量	经济发展质量	人均 GDP	元	正向	0.0345
		第三产业产值占比	%	正向	0.0263
		人均财政收入	元	正向	0.0687
	社会发展质量	每万人拥有专利申请授权数	件	正向	0.0760
		人均财政教育支出	元	正向	0.0499
		每十万人高等学校在校生	人	正向	0.0319
		万人拥有床位数	张	正向	0.0220
		每百万人公共图书馆数	个	正向	0.0391
		长途光缆每地区面积	米	正向	0.0285
		人均城市道路面积	平方米	正向	0.0183
		城镇居民人均可支配收入	元	正向	0.0518
		城镇登记失业率	%	逆向	0.0064
		城镇居民恩格尔系数		逆向	0.0183
		每万人拥有公共厕所数	个	正向	0.0261
	生态发展质量	单位 GDP 治理环境投资额	%	正向	0.0270
		单位工业产值废水排放量	吨/万元	逆向	0.0244
		单位工业产值废气排放量	立方米/万元	逆向	0.0405
		森林覆盖率	%	正向	0.0257
		人均绿地面积	平方米	正向	0.0356
		建成区绿化覆盖率	%	正向	0.0136
城镇化协调程度	同步协调	IU 比		适中	0.0180
		NU 比		适中	0.0184
		城镇化经济增长速度协调指数		正向	0.0316
	城乡统筹	城乡居民人均可支配收入比		正向	0.0174
		城乡居民人均消费比		正向	0.0204
		城乡居民家庭恩格尔系数比		适中	0.0148
		城乡每千人医疗卫生机构床位比		正向	0.0163
		城乡每千人拥有卫生人员数比		正向	0.0157

续表

一级指标	二级指标	三级指标	单位	类型	权重
城镇化效率	经济社会效率	单位固定资产投资实现GDP	%	正向	0.0318
		单位建成面积实现GDP	元/平方公里	正向	0.0163
		单位建成面积吸纳城镇人口数量	万人/平方公里	正向	0.0153
	生态环境效率	单位GDP电耗	千万小时/万元	逆向	0.0377
		单位GDP水耗	立方米/万元	逆向	0.0442
		单位GDP能耗	吨标准煤/万元	逆向	0.0374

步骤4：运用定基极差法处理指标数据，以样本初始年2000年为基准年，计算公式为：

$$X_j^t = \frac{x_j^t - x_{j,\min}^{2000}}{x_{j,\max}^{2000} - x_{j,\min}^{2000}} \tag{4.7}$$

式（4.7）中，x_j^t 和 X_j^t 分别表示 t 年第 j 个指标的原始数据和经过定基极差法处理过的无量纲指标值，$x_{j,\max}^{2000}$ 和 $x_{j,\min}^{2000}$ 分别表示第 j 个指标在基准年里所有省份中的最大值和最小值。

步骤5：最终得到综合评价指数：

$$s_j^t = \sum_{j=1}^{n} w_j^t X_j^t \tag{4.8}$$

4.1.2 数据来源

考虑到数据资料的可获性，本书选取2000—2016年中国30个省份作为样本（未包括香港特区、澳门特区、台湾省和西藏自治区）。为保证统计口径的一致性和数据的系统性，样本数据来源包括国家统计局网站，历年《中国统计年鉴》《中国能源统计年鉴》《中国环境统计年鉴》，《新中国60年统计资料汇编》等，少数省份个别年份缺失的数据采用插值法补齐。指标数据以国家统计局网站和《中国统计年鉴》为主，某些指标需要计算获得，具体说明如下：IU比和NU比用来考察工业化与城镇化的关系，以"劳动力工业化率、劳动力非农化率除以城镇化率"计算得出，其中，劳动力工业化率以"工业劳动力除以总劳动力"计算得出，劳动力非农化率以"非农产业劳动力除以总劳动力"计算得出；城镇化经济增长速度协调指数反映城镇化与经济增长的同步关系，以"城镇化率年均增速除以人均GDP年均增速"计算得出。

4.1.3 测度结果

依照上述方法确定各指标权重（见表4-1），测度出中国30个省份的新型城镇化质量综合指数（见表4-2）。由表4-2可知，2000年以来我国各省份城镇化质量指数快速增长，整体水平呈现明显的上升趋势。具体而言，2000—2016年全国城镇化质量的年均增速为12.09%，增速排名前五的省份为江苏（17.44%）、重庆（16.79%）、北京（16.50%）、浙江（16.21%）、天津（15.85%）；排名后五的是黑龙江（7.50%）、云南（7.54%）、海南（8.26%）、吉林（8.69%）、辽宁（8.88%）。为了更加直观地描述各省份新型城镇化质量的增速，我们按照年均增速分成高速组（>13%）、中速组（13%~10%）和低速组（<10%）。高速组包括9个省份，其中超过一半来自东部地区（江苏、北京、浙江、天津和上海），组内平均增速达14.84%；低速组包括10个省份，其中7个省份来自中西部，东部仅有3个省份，组内平均增速为8.72%。从各省份新型城镇化质量的均值排名看，排名前十的省份除重庆以外，其他9个均来自东部，且高速组的5个东部省份排名前五。这表明东部地区的城镇化质量整体较高，增长速度也处于较高水平，省际和区域之间的差距明显。

表4-2　2000—2016年我国30个省（区、市）新型城镇化质量综合指数及排名

年份	2000	2006	2010	2011	2012	2013	2014	2015	2016	均值	排名
北京	0.7015	1.2124	1.5210	1.6890	1.8272	1.9869	2.0084	2.5718	2.6697	1.4629	1
上海	0.6656	1.1968	1.6072	1.6773	1.7466	1.7727	1.7662	2.2497	2.4215	1.4217	2
浙江	0.5127	0.7939	1.2209	1.3575	1.6046	1.6423	1.5344	1.9687	1.9260	1.0896	3
天津	0.5177	0.8434	1.1093	1.2292	1.3918	1.4956	1.4707	1.8630	1.9127	1.0468	4
江苏	0.4330	0.6519	1.1185	1.3764	1.5819	1.5124	1.3862	1.7484	1.7170	0.9701	5
广东	0.4904	0.6983	0.9716	1.0343	1.1230	1.1829	1.1647	1.4800	1.5329	0.8790	6
福建	0.4896	0.6038	0.7681	0.8244	0.9235	1.0131	0.9891	1.2805	1.3267	0.7461	7
辽宁	0.4154	0.5992	0.7657	0.8186	0.8973	0.9809	0.9136	1.0166	1.0425	0.6953	8
山东	0.4064	0.5657	0.7638	0.8136	0.9062	0.9679	0.9282	1.1076	1.1302	0.6898	9
重庆	0.3182	0.5051	0.7296	0.8108	0.8973	0.9556	0.9203	1.1604	1.2262	0.6469	10
陕西	0.3586	0.5161	0.6893	0.7255	0.7833	0.8693	0.8639	1.0482	1.1228	0.6267	11
湖北	0.3529	0.5298	0.6450	0.6736	0.7314	0.8144	0.8207	0.9762	1.0382	0.6040	12
吉林	0.3732	0.5446	0.6514	0.6839	0.7399	0.7825	0.7790	0.8976	0.9246	0.5998	13
黑龙江	0.3821	0.5451	0.6296	0.6714	0.7499	0.7999	0.7500	0.8500	0.8691	0.5970	14
内蒙古	0.3302	0.4845	0.6432	0.6870	0.7405	0.8344	0.8208	0.9852	1.0089	0.5841	15
海南	0.3927	0.4816	0.6487	0.6645	0.7196	0.7678	0.7705	0.8985	0.9444	0.5751	16
湖南	0.3390	0.4927	0.6051	0.6387	0.7057	0.7794	0.7755	0.9235	0.9713	0.5682	17
安徽	0.3075	0.4430	0.5956	0.6825	0.7642	0.8280	0.8168	0.9787	1.0072	0.5628	18
四川	0.3238	0.4463	0.6268	0.6412	0.7231	0.7922	0.7777	0.9374	0.9665	0.5562	19
江西	0.3391	0.4634	0.5809	0.6110	0.6821	0.7477	0.7528	0.9248	0.9731	0.5551	20
山西	0.3281	0.5020	0.6087	0.6304	0.6955	0.7583	0.8064	0.8199	0.8369	0.5519	21
河北	0.3231	0.4648	0.5704	0.5968	0.6396	0.7017	0.6892	0.8273	0.8611	0.5355	22
河南	0.3193	0.3867	0.5484	0.5659	0.6272	0.6886	0.6951	0.8286	0.8679	0.5110	23
新疆	0.3037	0.4539	0.5386	0.5681	0.5865	0.6697	0.6415	0.7096	0.7707	0.4954	24
云南	0.3566	0.4207	0.5237	0.5423	0.5949	0.6624	0.6597	0.7780	0.8134	0.4942	25
广西	0.2808	0.0652	0.5473	0.5669	0.6179	0.6914	0.6901	0.8135	0.8531	0.4788	26
宁夏	0.2271	0.3941	0.4678	0.4931	0.5352	0.6284	0.6297	0.7448	0.7827	0.4464	27

第4章 新型城镇化测度与空间特征分析

续表

年份	2000	2006	2010	2011	2012	2013	2014	2015	2016	均值	排名
贵州	0.2706	0.3494	0.4620	0.4885	0.5473	0.6368	0.6501	0.7794	0.8163	0.4412	28
甘肃	0.2540	0.4114	0.4817	0.4828	0.5275	0.6086	0.5940	0.6952	0.7429	0.4411	29
青海	0.2774	0.3945	0.4538	0.4730	0.5220	0.5600	0.5422	0.6935	0.7307	0.4392	30

注：限于篇幅，本表在2010年之前仅给出2000年和2006年的数据。考虑到数据的可获得性，未包含香港特区、澳门特区、台湾省和西藏自治区的情况。

表4-3列出的全国和东中西部地区城镇化质量的均值可以更加清晰地反映区域间城镇化发展水平的差异①。东部地区整体水平最高，超过全国平均水平；中部略高于西部，但均低于全国平均水平。从图4-1可以看出，这种"东强西弱"的空间特征在时间序列上较为稳定，且这种差距并未表现出缩小的趋势。

表4-3 2000—2016年东中西部城镇化质量平均值

年份	全国	东部	中部	西部
2000	0.3797	0.4862	0.3427	0.3001
2001	0.3898	0.5033	0.3513	0.3043
2002	0.3978	0.5261	0.3497	0.3046
2003	0.4376	0.5967	0.3744	0.3245
2004	0.4821	0.6467	0.4195	0.3631
2005	0.5266	0.7067	0.4546	0.3988
2006	0.5487	0.7374	0.4884	0.4038
2007	0.5628	0.7615	0.4823	0.4225
2008	0.6111	0.8239	0.5220	0.4630
2009	0.6389	0.8706	0.5333	0.4839
2010	0.7365	1.0059	0.6081	0.5604
2011	0.7906	1.0983	0.6447	0.5890

---

① 东部地区有北京、上海、天津、浙江、广东、江苏、辽宁、山东、河北、福建、海南；中部地区有黑龙江、吉林、江西、河南、山西、安徽、湖北、湖南；西部地区有内蒙古、陕西、甘肃、青海、宁夏、新疆、广西、重庆、四川、贵州、云南。

续表

年份	全国	东部	中部	西部
2012	0.8711	1.2147	0.7120	0.6432
2013	0.9377	1.2749	0.7748	0.7190
2014	0.9203	1.2383	0.7745	0.7082
2015	1.1186	1.5466	0.8999	0.8496
2016	1.1602	1.5895	0.9360	0.8940
均值	0.6771	0.9193	0.5687	0.5137

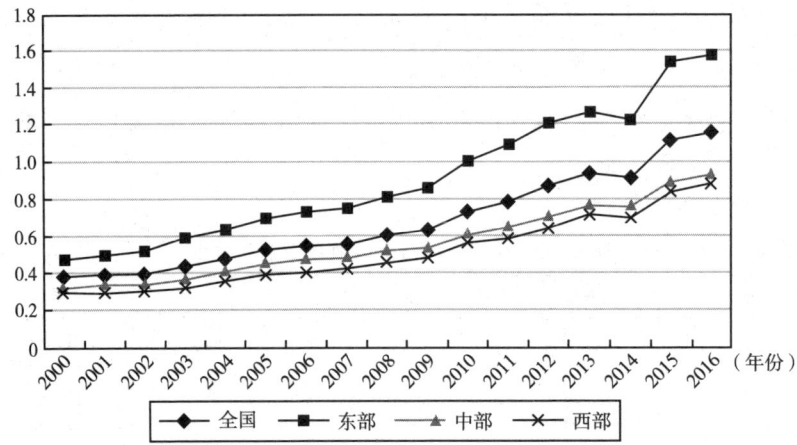

图 4-1 2000—2016 年全国和东中西部地区的新型城镇化质量平均值

4.1.4 新型城镇化水平的 σ 收敛

为了考察区域城镇化差异的变化趋势，我们采用依时间路径收敛性模型中的 σ 收敛。σ 收敛是一个全局的概念，通过考察全局范围内新型城镇化综合指数的变异性的变化来衡量不同区域差异性的收敛趋势。如果差异性越小，城镇化发展水平越趋向一致，即为 σ 收敛。标准差可以衡量这种变异性，我们构造 σ 收敛如下：

$$\sigma_i = \sqrt{\frac{1}{n}\sum_{i=1}^{n}\left[s_{it} - \frac{1}{n}\sum_{i=1}^{n}s_{it}\right]^2} \tag{4.9}$$

式中，s_{it} 为第 i 个区域在 t 时期的新型城镇化综合指数。若在年份 $t+T$ 有 $\sigma_{t+T} < \sigma_t$，则表示样本区域具有 T 阶段的 σ 收敛。显然，σ 值本身并不具备时间因素，仅是通过不同时间上数值比较判断样本数据是否存在收敛性。计算结果见表 4-4。

表 4-4　　2001—2016 年我国新型城镇化指数的 δ 收敛　　单位：%

年份	全国	东部	中部	西部	年份	全国	东部	中部	西部
2001	32.34	28.65	8.86	11.52	2009	40.87	35.92	6.37	14.15
2002	35.10	29.99	10.01	11.75	2010	40.36	34.26	5.62	17.33
2003	42.08	37.75	9.81	12.17	2011	42.81	35.54	6.45	19.15
2004	40.35	37.32	9.64	11.89	2012	43.07	35.33	6.22	19.37
2005	40.70	38.12	8.20	10.91	2013	39.59	33.63	5.68	17.37
2006	41.33	35.00	11.30	30.52	2014	39.12	34.50	5.42	16.94
2007	40.33	35.99	8.71	12.50	2015	43.37	37.43	6.92	18.70
2008	39.49	35.16	7.56	13.00	2016	42.77	37.86	7.79	18.46

从全国范围看，2001—2016 年 σ 值呈现逐年递增的趋势；三大区域中除了中部地区的 σ 值变化不大以外，东部和西部地区的变化趋势与全国的情况类似。这表明区域新型城镇化水平并未出现经济增长所表现出的赶超效应，区域差异呈现不断扩大的态势，马太效应明显。

4.2
新型城镇化的空间特征分析

为了从空间上进一步分析中国新型城镇化质量的区域差异，本研究采用 Moran's I 指数、泰尔指数对我国东中西部三大区域新型城镇化质量的空间特征进行实证分析。

4.2.1 研究方法

1. Moran's I 指数

全局空间自相关统计量 Moran's I 通过测度指标在总体空间内的关联度来考察空间相关性。首先,以邻接原则构造空间权重矩阵如下:

$$W = \begin{Bmatrix} w_{11} & w_{12} & \cdots & w_{1n} \\ w_{21} & w_{22} & \cdots & w_{2n} \\ \vdots & \vdots & \vdots & \vdots \\ w_{n1} & w_{n2} & \cdots & w_{nn} \end{Bmatrix} \tag{4.10}$$

其中,当空间单元 i 与 j 相邻时,矩阵元素 w_{ij} 为 1,否则为 0。

于是,Moran's I 由下式给出:

$$\text{Moran's I} = \frac{\sum_{i=1}^{n}\sum_{j=1}^{n}\omega_{ij}(U_i - \bar{U})(U_j - \bar{U})}{S^2 \sum_{i=1}^{n}\sum_{j=1}^{n}\omega_{ij}} \tag{4.11}$$

其中,S^2 为样本方差,即 $S^2 = \frac{\sum_{i=1}^{n}(U_i - \bar{U})^2}{n}$,$\bar{U} = \frac{\sum_{i=1}^{n}U_i}{n}$,$n$ 为地区的数量。Moran's I 介于(-1,1)之间,正值表示各区域空间正相关,负值表示空间负相关,绝对值越大说明空间相关程度越高,反之则越小,0表示空间独立分布。

2. 泰尔指数

泰尔指数是由信息熵发展而来的一种衡量区域差异的数学方法,通过测度和分解区域差异来反映这种差异的结构特征。其优点在于将总差异分解为组内差异和组间差异,有助于揭示区域差异的变动趋势和幅度。泰尔指数的基本公式如下:

$$T_a(s) = \frac{1}{n}\sum_{i=1}^{n}\left(\frac{\mu}{s_i}\right)^a \ln\left(\frac{\mu}{s_i}\right) \quad (i=1,2,\cdots,n; a=0 \text{ 或 } 1) \quad (4.12)$$

其中，n 表示区域的个数，S_i 表示第 i 个区域的新型城镇化质量，μ 表示全国新型城镇化质量的均值。a 取 0 或 1 时，分别表示泰尔 $-L(T_0)$ 和泰尔 $-T(T_1)$ 两种指数。为了让组内差异和组间差异相互独立，从而得到两种差异对总差异的贡献率，这里采用泰尔 $-L$ 指数，即 $a=0$。

将总体样本分组后，泰尔指数分解为组内差异（T_W）和组间差异（T_B）：

$$T_0(s^1,s^2,\cdots,s^m) = \sum_{k=1}^{m}\omega_k T_0(s^k) + \sum_{k=1}^{m}\omega_k \ln\left(\frac{\mu}{\mu_k}\right) = T_W + T_B \quad (4.13)$$

其中，m 表示分组数量，$s^k(k=1,2,\cdots,m)$ 表示第 k 组新型城镇化质量的向量，μ_k 表示第 k 组的均值，ω_k 表示第 k 组样本数占总样本数的比率（即 $\omega_k = n_k/n$）。

于是，各组对总体泰尔指数的贡献率如下：

$$c_m = \frac{\omega_k(\mu,n)T(s^m)}{T_0(s^1,s^2,\cdots,s^m)} \times 100 \quad (4.14)$$

4.2.2 结果分析

根据式（4.10）和式（4.11），计算出我国 2000—2016 年新型城镇化质量的空间自相关检验结果（见表 4-5）。可以看到，所有年份的 Moran's I 指数均通过 1% 的显著性检验，这表明我国新型城镇化质量表现出明显的空间正相关性，城镇化发展水平较高的省份地理上更加靠近，发展水平较低的省份也如此，在空间上呈现集聚特征。这里，我们借助 Moran's I 散点图来说明具体省份在空间上的集聚情况。限于篇幅，仅选取 2000 年和 2016 年（见图 4-2）。如图中所示，多数省份集中在第一、三象限，"高—高"（H-H）和"低—低"（L-L）类型为主导类型。

表 4-6 中列出这两年处于主导类型的具体省份以及省份的变动情况。处于第一象限的 6 个省份的新型城镇化质量较高,全部排在全国的前十位内,而且经过 17 年未发生变化。2000 年处于第三象限的 16 个省份中,5 个来自中部(湖南、湖北、吉林、河南和山西),其他 11 个省份全部来自西部;2016 年"低—低"类型的省份增加至 18 个,东部地区增加了两个省份(山东和辽宁),中部地区增加了黑龙江,总体上变化不大。从图 4-2 还可以看到,2016 年第三象限中各点排列更加紧密,表明各省份的空间集聚特征更加显著,表 4-5 中 Moran's I 指数呈现递增的趋势也印证了这一点。

表 4-5　2000—2016 年我国新型城镇化质量的空间自相关检验

年份	Moran's I	Z 值	p 值
2000	0.3773	3.7683	0.001
2001	0.3630	3.5926	0.003
2002	0.3679	3.6395	0.004
2003	0.3450	3.7189	0.002
2004	0.3368	3.6366	0.004
2005	0.3428	3.3988	0.005
2006	0.3202	3.2635	0.006
2007	0.3755	3.7024	0.003
2008	0.3849	3.9156	0.002
2009	0.4065	4.1033	0.001
2010	0.4330	4.1431	0.003
2011	0.4691	4.4909	0.002
2012	0.4912	4.4176	0.001
2013	0.4610	4.3477	0.001
2014	0.4435	3.9644	0.002
2015	0.4551	4.3226	0.001
2016	0.4338	4.0887	0.003

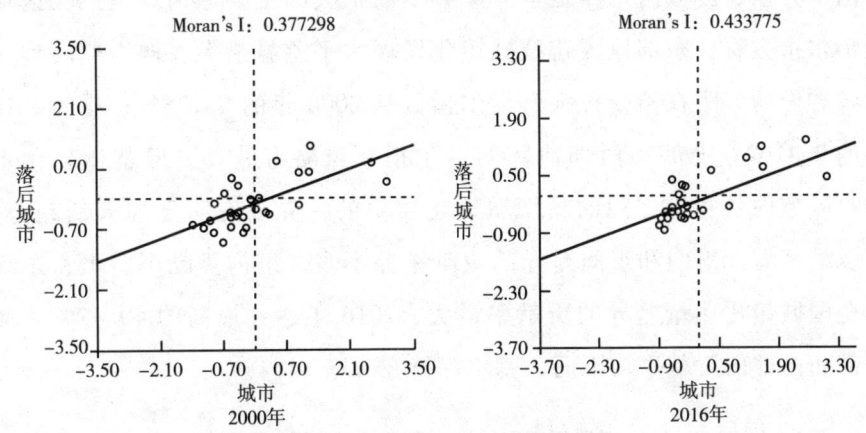

图 4-2　2000 年和 2016 年我国新型城镇化质量 Moran's I 散点图

表 4-6　　　　　　　2000 年和 2016 年散点图的省份分布

	2000 年	2016 年
第一象限 （H-H 象限）	福建、江苏、浙江、天津、上海、北京	福建、江苏、浙江、天津、上海、北京
第三象限 （L-L 象限）	湖南、湖北、吉林、河南、山西、四川、贵州、新疆、青海、甘肃、宁夏、陕西、内蒙古、重庆、云南、广西	湖南、湖北、吉林、河南、山西、黑龙江、四川、贵州、新疆、青海、甘肃、宁夏、陕西、内蒙古、云南、广西、辽宁、山东

接下来，我们依照式（4.12）、式（4.13）和式（4.14），计算出新型城镇化质量的泰尔指数及其结构分解的结果（见表 4-7），以考察中国省际和三大区域之间的差异特征和变动趋势。总体上看，中国新型城镇化质量的省际差异明显，发展较为不平衡。2000—2016 年，新型城镇化质量的省际差异最大值和最小值分别为 2012 年的 0.5032 和 2000 年的 0.3386，2012 年后各省份间差异虽有所减小，但总体差异在不断扩大。从组间和组内泰尔指数的变动趋势看，除 2000 年外，组内泰尔指数始终大于组间泰尔指数，而且组内泰尔指数呈上升趋势，组间泰尔指数比较稳定，这说明中国新型城镇化质量的差异来自于区域内差异和区域间差

异两个方面，区域内差异是整体差异不断扩大的主要原因。从三大区域的泰尔指数看，东部地区新型城镇化发展水平差异最大，样本期间地区内各省份的差距在不断拉大，泰尔指数从2000年的0.1754上升至2016年的0.4102；中部和西部地区的泰尔指数虽略有波动，但整体变化不大，区域内各省份之间的新型城镇化质量的差异没有明显加大的趋势。从贡献率看，组内和组间差异的贡献率差不多，组内贡献率略大；东部对全国城镇化质量差异的贡献率最大，2016年达到最高的40.57%，而中部和西部的贡献率均不高，基本保持在10%以内。

表4-7 2000—2016年我国新型城镇化质量的泰尔指数及结构分解

年份	泰尔指数						贡献率（%）				
	全国	东部	中部	西部	组内	组间	东部	中部	西部	组内	组间
2000	0.3386	0.1754	0.0587	0.1145	0.1296	0.2090	24.31	4.18	9.80	38.29	61.71
2001	0.3497	0.2761	0.1492	0.0963	0.1907	0.1591	35.26	11.32	7.93	54.52	45.48
2002	0.3836	0.2809	0.1828	0.0935	0.2025	0.1811	33.49	12.40	6.89	52.78	47.22
2003	0.4510	0.3597	0.1751	0.1012	0.2418	0.2092	37.57	9.90	6.15	53.62	46.38
2004	0.4341	0.3462	0.1489	0.1007	0.2281	0.2061	37.41	8.68	6.45	52.54	47.46
2005	0.4394	0.3448	0.1517	0.0839	0.2244	0.2150	37.15	8.64	5.28	51.07	48.93
2006	0.4481	0.3200	0.1472	0.1435	0.2285	0.2196	34.01	8.35	8.64	50.99	49.01
2007	0.4461	0.3403	0.1546	0.1089	0.2299	0.2161	36.15	8.63	6.77	51.55	48.45
2008	0.4405	0.3299	0.1539	0.1087	0.2247	0.2158	35.47	8.67	6.86	51.00	49.00
2009	0.4605	0.3483	0.1609	0.1180	0.2384	0.2222	36.05	8.61	7.10	51.76	48.24
2010	0.4652	0.3547	0.1689	0.1480	0.2509	0.2143	36.05	9.00	8.88	53.94	46.06
2011	0.4965	0.3756	0.1690	0.1561	0.2649	0.2316	36.41	8.38	8.56	53.36	46.64
2012	0.5032	0.3814	0.1675	0.1619	0.2692	0.2340	36.58	8.23	8.68	53.50	46.50
2013	0.4577	0.3584	0.1541	0.1386	0.2461	0.2116	36.92	8.40	8.44	53.77	46.23
2014	0.4452	0.3573	0.1409	0.1357	0.2408	0.2044	37.57	7.96	8.55	54.08	45.92
2015	0.4850	0.4092	0.1650	0.1502	0.2759	0.2092	39.71	8.62	8.54	56.87	43.13
2016	0.4703	0.4102	0.1568	0.1491	0.2725	0.1978	40.57	8.47	8.90	57.94	42.06

从上述结果来看，2000—2016年我国新型城镇化质量呈现明显的空间集聚特征，省际以及东中西部地区的水平差距显著，总体差异表现为逐年扩大的趋势。地区内和地区间的差异均对总体差异产生重要影响，其中，东部地区对总体差异的影响最大。

4.3 区域城镇化空间差异的进一步分析

本节测算了我国五大区域的城镇化指数的均值，以揭示我国各区域间新型城镇化空间差异的特征。图4-3描述了样本期间各区域的城镇化发展趋势①。从图中看，五大区域城镇化发展趋势基本一致，东部地区

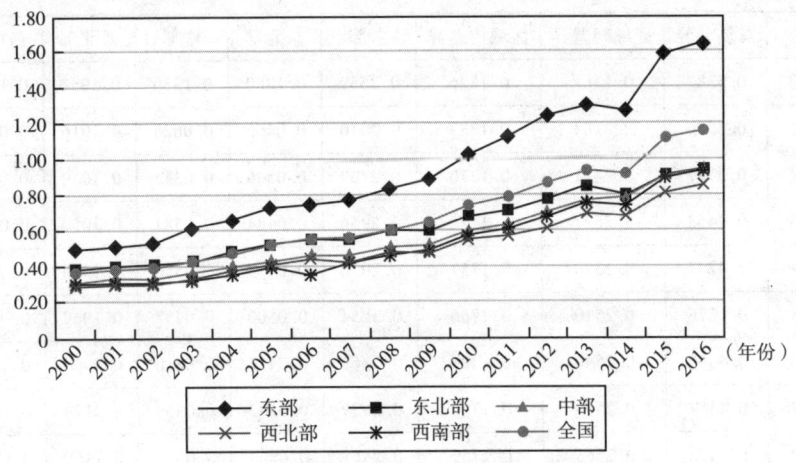

图4-3 2000—2016年全国及五大区域新型城镇化发展趋势

---

① 五大区域为东部、东北部、中部、西北部和西南部。其中东部包括北京、天津、河北、上海、江苏、浙江、福建、山东、广东和海南；东北部包括黑龙江、吉林和辽宁；中部包括江西、河南、山西、安徽、湖南和湖北；西北部包括内蒙古、陕西、甘肃、青海、宁夏和新疆；西南部包括广西、四川、重庆、贵州和云南。

新型城镇化指数的均值为 0.9417，超过了全国平均水平，且明显高于其他四个地区。东北部地区在样本期间的前 10 年里与全国平均水平相当，2010 年之后开始下滑。中部、西北部和西南部发展状况相似，一直落后于全国平均水平。此外，东部地区与其他区域的差距未呈现时间上的收敛性，"东强西弱"的空间格局在不断强化。

为了进一步分析我国新型城镇化空间异质性的成因，依照式（4.12）和（4.13），我们对区域差异进行了空间分解（见表 4-8）。从总体差异看，中国新型城镇化发展水平省际差异明显，区域间呈现显著的非均衡格局。样本期间新型城镇化指数的总体差异最大值和最小值分别为 2012 年的 0.4979 和 2000 年的 0.3287，2012 年后各省份间差异虽有所减小，但总体差异仍表现为扩大趋势。从区域间差异看，城镇化发展的空间差异还显著表现在各区域之间。

表 4-8　2000—2016 年我国新型城镇化质量的泰尔指数及结构分解

年份	总体差异	区域间差异	区域内差异	东部	东北部	中部	西北部	西南部
2000	0.3287	0.1461	0.1826	0.2539	0.1880	0.1356	0.1052	0.1335
2001	0.3546	0.2164	0.1382	0.2210	0.0465	0.0628	0.1016	0.0780
2002	0.3787	0.2411	0.1376	0.2269	0.0506	0.0355	0.1010	0.0737
2003	0.4453	0.2677	0.1776	0.2956	0.0484	0.0581	0.1050	0.0844
2004	0.4277	0.2520	0.1757	0.2976	0.0413	0.0550	0.1076	0.0828
2005	0.4276	0.2510	0.1766	0.3054	0.0560	0.0457	0.1069	0.0620
2006	0.4466	0.2540	0.1926	0.2865	0.0432	0.0810	0.0964	0.2583
2007	0.4357	0.2599	0.1758	0.2929	0.0543	0.0469	0.1174	0.0809
2008	0.4322	0.2563	0.1759	0.2861	0.0664	0.0518	0.1169	0.0945
2009	0.4502	0.2694	0.1809	0.2844	0.0785	0.0467	0.1318	0.1095
2010	0.4562	0.2735	0.1827	0.2755	0.0826	0.0373	0.1495	0.1404
2011	0.4912	0.2918	0.1994	0.2956	0.0877	0.0490	0.1594	0.1562
2012	0.4979	0.2959	0.2020	0.2992	0.0863	0.0465	0.1615	0.1627

续表

年份	总体差异	区域间差异	区域内差异	东部	东北部	中部	西北部	西南部
2013	0.4578	0.2684	0.1893	0.2828	0.1002	0.0489	0.1527	0.1382
2014	0.4459	0.2615	0.1844	0.2812	0.0823	0.0467	0.1594	0.1209
2015	0.4965	0.2965	0.2000	0.2943	0.0695	0.0614	0.1715	0.1430
2016	0.4855	0.2876	0.1979	0.2917	0.0690	0.0672	0.1640	0.1426

我们认为，资源禀赋的区域差异为中国人口和经济活动的空间差异提供了客观条件，中央政府在改革开放初期实施的区域非均衡战略则提供了外部条件。首先，我国幅员辽阔，自然条件和地理条件比较复杂，人口分布差异较大。1953年地理学家胡焕庸提出的人口地理分界线，即"胡焕庸线"，表明东南地区占国土面积的45%，但城市数量和城市人口却分别高达全国的89.6%和94.3%。

其次，20世纪80年代初，为了集中力量发展经济，中央政府实施非平衡发展战略，东部地区凭借政策和区位双重优势，迅速形成要素集中和产业集聚，更好地发挥了规模优势和聚集经济，使得该地区拥有更好的发展机会、基础设施建设、公共服务水平和社会保障体系，从而大大推动了城镇化发展。优良的经济社会环境进一步推动生产要素的集聚，形成新增长理论中所说的路径依赖和锁定效应，不断强化东部地区城镇化发展的优势。中西部地区虽拥有丰富的土地、矿产和能源等自然资源，但地理区位的限制使得要素与产业集聚无法在短期内形成。我们认为，这种经济发展的不平衡是新型城镇化呈现"东强、中中、西弱"格局的主要原因。虽然20世纪90年代以来，中央政府提出区域协调发展战略和主体功能区战略，尤其是近年来不断深化的"西部大开发"和"振兴东北老工业基地"等战略举措以及"一带一路"倡议，客观上有助于各区域城镇化的协同发展，但其长期效应还有待观察。

从区域内差异看,东部地区内差异最大,西北部和西南部次之,东北部和中部地区内差异最小。东部地区各省份的城镇化发展水平之所以差异较大,我们认为有两方面原因。其一,地区内各省份经济发展的起点不同,北京和上海在各项数据上远超河北、海南等省份。这种"中心—外围"格局容易产生极化效应,落后地区的城镇化发展不仅未能获益,反而可能受损。其二,新型城镇化是发展质量、协调程度与发展效率的综合体现。东部地区各省份在各个维度上发展水平差异较大,河北和海南两省份的发展效率与协调程度的水平较高,但城镇发展质量水平较低;广东省的城镇化发展效率较高,其他两个方面的发展水平一般;而上海市的发展水平相对比较均衡。不过,随着京津冀、长三角和珠三角三大核心区发展战略的实施,极化效应逐步减弱,而扩散和反馈效应则逐渐增强,东部的地区内差异并未进一步拉大。东北部和中部地区各省份城镇化发展较为均衡,原因有所不同。中部区域内差异最小,不仅因为各省份地理区位差异不大,更重要的原因在于中华人民共和国成立初期,基于国防战略的考量,不少大型重工业布局在中部地区,带动了工业化的发展,之后实施的"中部崛起"战略促进该地区城镇化与工业化发展相协调,各省份发展相对平衡。东北三省作为计划经济时代的老工业基地,城镇化发展较为领先,改革开放后受到国企改制的影响,经济发展有所减缓。东北各省资源状况、发展水平以及地理区位较为相似,加之"振兴东北老工业基地"战略的推动,区域内发展也较为均衡。

根据式(4.14),我们计算了区域差异的贡献率(见表4-9)。从表中可以看到,区域间差异对总体差异的贡献率最大,除了2000年以外,其他年份均接近60%。这说明五大区域之间的发展差异是我国新型城镇化发展不均衡的主要原因。之所以区域间差异比区域内差异的影响更大,我们认为主要有两个原因。首先,区域间地理区位、自然资源和人口结构等差异程度更大。东部沿海地区地理优势明显,有利于资本、技术与人才等要素的集中,而中西部地区则拥有较为丰富的劳动力和自然资源。资源禀赋的区域特征促使中央政府开展诸如西气东输、南水北调、北煤南运等一系列重大工程,对各省份的生态环境和经济发展,进而区域城镇化的进程产生深远的影响。同时,东北部地区属于国家老工业基地,中部地区是我国粮食主产区,西部大部分区域为国家重点生态功能区,这些因素对城镇化发展的差异化也会产生影响。另外,不同区域的消费习惯、文化特征以及生活特点等因素较之区域内各省份的差异程度更高,也会在一定程度上加大城镇化发展的区域差异。其次,中国城镇体制的特点决定了资源配置的行政中心偏向性和大城市偏向性,在这种"过度行政化"的机制下,城镇规模容易出现两极分化,产业布局和生产要素呈现区域不均衡,从而形成现有的城镇化发展的空间格局。

表4-9 2000—2016年我国新型城镇化质量差异的区域贡献率   单位:%

年份	东部	东北部	中部	西北部	西南部	区域间
2000	30.31	6.58	8.14	5.46	5.06	44.45
2001	27.21	1.35	3.08	4.44	2.89	61.03
2002	26.80	1.40	1.57	4.06	2.50	63.67
2003	30.81	1.09	2.14	3.53	2.31	60.11
2004	31.74	0.97	2.15	3.81	2.41	58.91
2005	32.58	1.31	1.78	3.84	1.80	58.70
2006	29.28	0.99	3.10	3.48	6.28	56.87
2007	30.95	1.24	1.78	4.07	2.31	59.66
2008	30.34	1.51	1.99	4.12	2.74	59.30
2009	29.33	1.66	1.69	4.42	3.08	59.82
2010	28.15	1.68	1.33	4.86	4.03	59.96
2011	28.58	1.64	1.60	4.69	4.09	59.40

续表

年份	东部	东北部	中部	西北部	西南部	区域间
2012	28.66	1.58	1.50	4.59	4.23	59.44
2013	28.65	2.00	1.75	4.95	4.01	58.64
2014	29.03	1.63	1.77	5.30	3.63	58.64
2015	28.26	1.15	2.01	5.02	3.83	59.73
2016	28.38	1.16	2.26	5.01	3.95	59.24

4.4 本章小结

本章在第3章构建的新型城镇化综合评价体系基础上，采用定基极差熵值法对2000—2016年我国30个省份的新型城镇化水平进行了测度。从测度结果看，总体上，样本期间我国新型城镇化发展水平稳步提高，年均增速达12.09%，这表明政府制定的新型城镇化发展战略是正确且有效的，应该继续认真贯彻。但无论从三大区域还是五大区域来看，各省份和区域间的发展均不平衡，东部地区整体发展水平较高，且增长速度较快；其他区域的发展水平相对较低，增长速度落后于全国平均水平，区域的空间差异呈现不断拉大的趋势。

接着，我们运用Moran's I指数分析了我国新型城镇化发展的空间相关性，并采用泰尔指数对空间差异进行分解，初步探讨了我国新型城镇化空间差异的成因。从Moran's I指数的结果看，我国城镇化进程存在显著的空间相关性。Moran's I散点图显示，城镇化的空间集聚主要由"高—高"类型和"低—低"类型两种类型主导，城镇化发展水平接近的省份趋向于地理上的集中，城镇化发展在空间上表现出明显的空间异质性。通过泰尔指数对城镇化区域差异的空间分解，我们发现，总体差异主要表现为区域间差异，区域间差异是我国新型城镇化空间差异的主要原因，其贡献率接近60%。五大区域中，东部地区中各省份的城镇化发展差异最大，东北部与中部地区的差异较小，整体发展较为均衡。

第5章 新型城镇化空间差异的动力机制分析

5.1 文献综述

城镇化是一个空间现象,空间力量是城镇化的重要动力,空间动力机制是城镇化不可或缺的机制。在城镇化质量综合评价的研究中,学者们普遍发现我国城镇化质量呈现较为明显的空间特征。国外关于城镇化动力机制的研究相对较早,基于研究视角、经济发展阶段与空间尺度的不同,主要有两种观点。第一种观点认为,单一因素是城镇化发展的主要动力。阿格萨(Agesa,2000)和汉德森(Henderson,2009)认为,人口流动和集聚是城镇化发展的最大动力;克拉克(Clark,1957)论证了经济发展与三大产业结构变动之间的关系,认为产业变迁促进了城镇化发展。吉尔伯特和古格勒(Gilbert & Gugler,1982)的研究也表明,城镇化率与第二、第三产业正相关,与第一产业负相关;莫诺和肖特(Moonaw & Shatter,1996)将经济发展视作城镇化发展的主要推动力。另一种观点则认为,综合因素共同推动了城镇化发展。如刘易斯·芒福德(2005)所言,城镇化是以人口流动为核心，在产业驱动下产生集聚进而形成空间结构特征的演变过程。从静态角度看，城镇化的动力因素包括资本逐利、技术革新、制度创新以及贸易全球化。从动态角度，这四种因素会随着经济发展阶段表现为不同的动力结构，发达国家城镇化的动力主要源于工业化，发展中国家的城镇化动力主要表现为政府调控、市场配置以及产业结构调整。托德（Todes，2001）则认为，经济增长、社会关系、生活方式等综合因素是城镇化发展的推动力。

有关城镇化发展的动力机制的研究，国内学者多从驱动模式和动力类型两个方面进行。驱动模式方面，主要有自上而下、自下而上和外力推动三种模式。自上而下是以政府调控为主导，在国有大型企业带动下，大中型城市向外扩张的模式；自下而上主要依赖市场机制，以乡镇企业和小城镇发展为主；外力推动则是依靠外资或外贸的力量推动城镇化发展。李强等（2012）从动力机制和空间模式两个视角探讨我国城镇化的推进模式，发现政府主导的推进模式更能体现制度的创新性和灵活性，民间社会尚不具备自发推进城镇化的条件。杨新华（2015）基于市场自组织与政府他组织的视角，认为城镇是一个拥有自适应能力的分工网络，城镇化动力源于市场自组织与政府他组织的耦合，市场机制与政府调控的作用分别体现在新型城镇化的微观层面与宏观层面。费孝通（1984）通过对吴江多次调研，认为小城镇有助于城市化进程，并能将城乡有机地衔接起来，从而由下至上地推动城镇化发展。崔功豪和马润潮（1999）认为我国城镇化应该以农村非农产业发展为主体，发展乡镇企业，通过劳动力的转化与空间集聚，以及小城镇的建设，形成一种自下而上的发展机制。周小平和柴铎（2016）基于社会总产品供需关系建立分析模型，认为产业发展与消费需求是城镇化发展的主要动力，政府主导无法解决中国城镇化发展后劲不足的问题，还需辅以政府以外的其他力量。李晓梅和赵文彦（2013）构建

VECM模型研究了我国城镇化演进的动力机制，他们发现，产业结构调整是主要动力，从长期看，政府主导阻碍了城镇化发展，应该积极发挥市场机制的资源配置作用。

城镇化发展的动力类型。城镇化是一个系统且复杂的过程，其发展进程中的动力类型趋于多元化，不仅包括市场机制、产业调整和制度变迁，还有政府宏观调控和外部力量的驱动。欧向军等（2008）采用多元线性回归模型对城镇化的动力进行了比较分析，认为市场力、内源力、外向力和行政力是江苏省城镇化发展的主要动力，且市场力和行政力为理想动力。张杰和龚新蜀（2010）从内源动力、外向动力、政府动力和市场动力四个动力指标构建城镇化发展的动力指标体系，用多个子指标综合考量动力指标。研究表明，四种动力相互制约、相互影响，共同促进区域城镇化的发展。魏治等（2013）从市场力、行政力、外向力和内源力四个方面构建了中国城镇化动力机制的综合指标体系，较为全面地分析了各作用力在各省和区域城镇化进程中的作用。研究发现，市场力和内源力是影响城镇化区域不平衡格局的主要因素，行政力的宏观调控作用有利于缓解这种不平衡。汪丽和李九全（2014）从资源基础质量等六个方面构建城市化评价体系，采用层次分析法和线性加权法测算了西北五省区省会城市的城镇化质量。虽然文中从行政力、经济力和要素力建立了城镇化的动力机制模型，但并未从实证上进行量化研究。任杲和宋迎昌（2018）认为农业发展、工业与服务业、制度变迁是城镇化发展的三大驱动力，通过构建城镇化发展动态模型，他们发现，在合理的制度安排下，农业发展是城镇化发展的前提，非农产业是城镇化发展的持续动力。熊湘辉和徐璋勇（2018）从内源动力、外向动力、政府动力和市场动力四个方面构建动力指标体系，运用空间计量方法对动力因素进行了测度。实证结果表明，市场动力大于外向动力，政府动力与内源动力相当，动力机制对我国城镇化区域格局有显著影响。

另外，赵永平和徐盈之（2014）、吴建民等（2015）、张士杰和李勇刚（2016）从政府、市场、外部和内在四种动力因素分别对中西部地区、河北省县域以及中部六省的城镇化发展进行分析。他们的研究表明，各个地区城镇化发展的推动力呈现多元化特征且大小不同，西部地区和河北省的推动力主要来自政府，而市场力是中部地区城镇化质量提升的主要推动力。

5.2 动力指标体系的构建

不同的经济发展阶段，城镇化呈现出不同的特征，城镇化动力机制也表现为不同的动力结构。如20世纪80年代我国城镇化动力模式由之前的"自上而下"转变成"自上而下"和"自下而上"混合型，90年代以来外资成为城镇化发展的重要推动力。至此，中国城镇化发展的动力机制趋向多元化，宏观上依赖政府的发展战略与外向型经济，微观上则取决于实体经济的内生发展能力。因此，本研究将新型城镇化动力机制归纳为政府动力、市场动力、内生动力和外向动力四种。

5.2.1 政府动力

政府动力是政府运用行政指令和宏观政策等手段，通过资金投入、产业布局、基础设施建设等方式推动地区城镇化的发展。政府拥有其他主体所不具备的配置性资源，尤其是政府的直接投入和产业政策，对地区城镇化进程的影响深远。21世纪以来，一方面，我国政府不断加大对宏观经济的调控力度。2000—2016年，全国城镇固定资产投资额从2.62万亿元上升至59.65万亿元，占全社会固定资产投资的比重从80%升至98%。另一方面，从城镇化理论看，工业化和服务业是推动城镇化发展的重要力量。在政府产业政策引导下，东部沿海地区工业化起步早，中西部地区则面临产业升级的压力。同时，服务业的发展通过吸纳就业人口、刺激国内消费等在城镇化进程中的作用越来越大。第三产业产值占国内生产总值的比重从2000年的40%升至2016年的52%。本研究采用人均财政支出、人均固定资产投资和非农就业占比三项指标来衡量政府动力。

5.2.2 市场动力

市场机制是资源配置的有效方式，市场化改革改变了我国政府大一统的计划管理方式，"自下而上"模式得以在城镇化发展中发挥重要作用。市场对城镇化发展的推动作用主要表现在，通过比较利益引导生产要素向非农产业集聚和转移，非国有经济得到迅速发展。2000—2016年，国内贷款和实际利用外资占全社会固定资产投资的比重分别从19%和4.6%降至11%和0.4%，自筹资金占全社会固定资产投资的比重则从34%升至67%。城镇就业人员占全社会就业人员的比重从32%升至53%。其中，国有单位和城镇集体单位就业人员占全社会就业人员的比重分别从11.2%和2.1%降至8.0%和0.6%，城镇私营企业和个体就业人员占全社会就业人员的比重分别从1.8%和3.0%升至15.6%和11.1%。良好的资本市场机制、投资主体的多元化和劳动力市场的日趋完善都有助于推动城镇化的发展。本研究采用非公有劳动占比、非国有投资占比、市场化指数和直接融资占比四项指标来衡量市场动力。

5.2.3 内生动力

内生动力主要源自实体经济的自身发展能力，工业化进程、第三产业发展状况、技术进步等对城镇化进程将产生直接的影响。从经济内部结构看，第二产业是城镇化初期最重要的推动力，到了城镇化后期，第三产业的推动作用日趋明显。目前，我国城镇化的主要动力仍是第二产业，乡镇企业的崛起和小城镇的发展为工业化发展提供基础，不仅促进人口集聚，创造就业机会，而且吸收大量农村剩余劳动力。本研究采用非农产值占比、工业化率、国有企业工业总产值、第三产业增长率和人均专利申请授权数五项指标来衡量内生动力。

5.2.4 外向动力

改革开放和经济全球化的双重作用，使得外资和外贸成为我国城镇化进程中最直接、最重要的外向动力。一方面，大量廉价劳动力和优厚的政策环境为国际剩余资本寻求更高的收益提供了机会。外资则通过溢出效应带动我国的技术进步，同时优化产业结构和就业结构，促进了区域经济发展和城镇化水平的提升。2000—2010年，外商直接投资年均增长速度为9.8%，之后增速虽有所放缓，但2017年中国实际使用外资总额仍高达1363亿美元。另一方面，我国对外贸易迅猛发展，2016年进出口总额较之2000年增加了6.37倍。中国逐渐成为全球产业转移的重要基地，外向型经济大大提升了我国社会经济的发展空间。本研究采用进口额、出口额和外商直接投资来衡量外向动力。

由此，我们构建了我国新型城镇化动力机制的综合指标体系（见表5-1）。

表 5-1　　　　　新型城镇化动力指标体系

动力指标	子指标	指标符号	单位
政府动力	国有经济投资	Sec	万元
	人均财政支出	Fis	元
	人均固定资产投资	Inf	元
市场动力	非农就业占比	Emp	%
	非公有劳动占比	Lab	%
	非国有投资占比	Nsi	%
	市场化指数	Mar	%
	直接融资占比	Dir	%
内生动力	非农产值占比	Non	%
	工业化率	Ind	%
	国有企业工业总产值	Sta	万元
	第三产业增长率	Ser	%
	每万人专利申请授权数	Pat	个/万人
外向动力	出口额	Exp	万美元
	进口额	Imp	万美元
	外商直接投资	FDI	万美元

5.3 城镇化动力机制的空间计量分析

5.3.1 空间计量模型设定

传统计量分析方法隐含了一个假设，即假设横截面空间单元具有同质性，单元之间不存在空间依赖性。最早由帕林克（Paelinck）提出、安塞林（Anselin）等人共同发展起来的空间计量方法将空间单元间的空

间相关性引入传统模型,其中应用最广泛的是空间自回归模型(SAR)和空间误差模型(SEM)。SAR 模型为:

$$y = \rho W y + X\beta + \varepsilon \tag{5.1}$$

式(5.1)说明,被解释变量不仅受到本地区解释变量的影响,还受到邻近地区被解释变量的影响。SEM 模型为:

$$\begin{cases} y = X\beta + u \\ u = \lambda W u + \varepsilon \end{cases} \tag{5.2}$$

将式(5.2)变形为:

$$(I_n - W\lambda)y = (I_n - W\lambda)X\beta + \varepsilon \tag{5.3}$$

可以看到,被解释变量不仅受到本地区解释变量的影响,还受到邻近地区被解释变量和解释变量的共同影响。

通过 Moran's I 分析我们知道,城镇化质量在空间上存在显著的相关性,忽略这种空间相关性可能引起回归结果的偏误,因此,本研究采用 SAR 模型,如下:

$$y_{it} = \beta_0 + \rho \sum_j w_{ij} y_{jt} + \sum_k \beta_k X_{kit} + \varepsilon_{it} \tag{5.4}$$

其中,y 表示城镇化质量,X 表示表 5-1 中 16 个动力因素,其系数 β 度量各动力因素对 i 地区城镇化质量的影响程度,w 为空间权重矩阵,系数 ρ 反映邻近地区 j 的城镇化质量对 i 地区城镇化发展的影响。如果空间相关性由模型以外的因素决定,则建立 SEM 模型如下:

$$y_{it} = \beta_0 + \lambda \sum_j w_{ij} u_{jt} + \sum_k \beta_k X_{kit} + \varepsilon_{it} \tag{5.5}$$

其中,系数 λ 反映空间相关性对 i 地区城镇化质量的影响。

5.3.2 数据来源

模型的因变量为新型城镇化质量,前文已测度。城镇化动力机制由政府动力、市场动力、内生动力和外向动力 4 个动力指标的 16 个子指标组成，各子指标如表 5-1 所示。为了保证数据的一致性与系统性，所用数据来源包括国家统计局网站、《中国统计年鉴》、《中国城市统计年鉴》、《新中国 60 年统计资料汇编》、《中国市场化指数（2011 版、2016 版）》、中经网统计数据库等。由于 2015 年和 2016 年的中国市场化指数尚未公布，本研究采用的基础统计数据均来自 2014 年，调查数据来自 2015 年和 2016 年。某些省份个别年份缺失的数据通过插值法补齐。

5.3.3 新型城镇化动力机制的空间计量结果

多数动力指标对城镇化质量的影响均显著。空间面板模型分为空间固定效应与空间随机效应两种，一般采用 LM 检验和 Hausman 检验对模型进行选择。首先，采用 LM 检验对模型的个体效应进行检验，结果强烈拒绝"不存在个体随机效应"的原假设，"随机效应"较之"混合回归"更优。其次，采用 Hausman 检验对固定效应和随机效应进行选择，结果在 1% 的显著水平下拒绝原假设，说明固定效应更优。综合两个检验结果，应该选择固定效应模型。本研究同时对 SAR 和 SEM 的混合、空间固定、时间固定和时空固定效应模型进行估计，结果发现，除了 SEM 时间固定模型中自回归系数达到 5% 的显著性水平外，SAR 模型中自回归系数 ρ 和 SEM 模型中自回归系数 λ 均达到了 1% 的显著性水平，这进一步说明我国各省市的城镇化发展存在显著的空间相关性。而且，SAR 模型的拟合优度 R^2 和对数极大似然值 LogL 均高于 SEM 模型，因此，SAR 模型相对更优。同时，从 SAR 模型的 R^2 和 LogL 来看，时空固定效应模型相对更优。因此，本研究选择 SAR 时空双固定模型的估计结果进行分析，结果列在表 5-2 中。

表 5-2　2000—2016 年新型城镇化质量动力机制的空间计量结果

变量	OLS	SAR 模型			
		混合	空间固定	时间固定	时空固定
截距项	0.2796***	0.2028***			
国有经济投资	0.3099***	0.2436***	0.1945***	0.2406***	0.1607***
人均财政支出	0.1105***	0.0973***	0.0301**	0.0794***	0.0224*
人均固定资产投资	-0.0561***	-0.0409***	0.0085	-0.0460***	0.0148
非农就业占比	0.0542***	0.0530***	0.0197*	0.1231***	0.0257
非公有劳动占比	0.0272**	0.0285***	0.0241***	0.0288***	0.0233**
非国有投资占比	0.1175***	0.0854***	0.0135	0.0570***	0.0087
市场化指数	0.0984***	0.0674***	0.0372**	0.0939***	0.0485**
直接融资占比	0.0067	0.0060	0.0006	0.0083	0.0049
非农产值占比	0.0796**	0.0674**	0.0787***	-0.0162	0.0759***
工业化率	0.0232	0.0294*	0.0606***	0.0351**	0.0600***
国有企业工业总产值	-0.0342***	-0.0122	-0.0028	-0.0014	-0.0021
第三产业增长率	-0.0072	-0.0058	-0.0033	-0.0172**	-0.0144**
人均专利申请授权数	0.1173***	0.1338***	0.1114***	0.1176***	0.1033***
出口额	-0.0087	-0.0480*	0.0622	-0.0046	0.0802
进口额	-0.0103	0.0529**	-0.0613*	-0.0034	-0.0745**
外商直接投资	-0.0348***	-0.0504***	-0.0264**	-0.0338***	-0.0099
LM 检验	55.57***				
Hausman 检验	57.81***				
W * dep. var.		0.2020***	0.4290***	0.1380***	0.1535***
R^2	0.9348	0.9427	0.9772	0.9502	0.9808
LogL	1022.0	1052.5	1277.8	1089.2	1332.6

注：*、** 和 *** 分别表示统计量在 10%、5% 和 1% 的显著性水平下是显著的。

从表 5-2 可以看到，从各动力指标的系数看，内生动力对城镇化质量的影响最大，政府动力和市场动力的影响相当，外向动力的影响最小。这一结果与城镇化理论提出的经济增长推动城镇化发展的观点是一致的。改革开放以来，东部地区凭借区位和政策的双重优势，吸引大量资金、技术和人才，产业迅速升级并形成区域集聚，经济发展能力大大优于中西部地区。在内生动力的主导下，东部地区的城镇化发展较快，加之邻近地区的空间自相关效应，"东强西弱"的空间格局就此形成。因此，中国城镇化发展的关键在于各省市自身经济能力的提升，在此基础上，充分发挥政府宏观调控、市场资源配置和外部驱动的作用。

具体而言，国有经济投资的回归系数为 0.1607，且在 1% 的水平上显著，这表明每增加 1% 的国有经济投资，将促进城镇化质量提升 0.1607 个百分点。国有经济是中国国民经济的主导力量，加大国有经济投资力度有助于地区资源整合、产业升级与转型，形成技术、资金、人才等要素的区域集聚，从而推动整个地区经济的发展。财政支出是政府对经济宏观调控的重要手段之一，该动力因素的系数为 0.0224，表明政府每增加 1% 的人均财政支出，城镇化质量将提升 0.0224 个百分点。市场化指数和非公有劳动占比的回归系数分别为 0.0485 和 0.0233，均在 5% 的水平上显著，这说明市场机制在资源配置方面的作用对我国城镇化进程产生积极的影响，经济体制改革的深化和市场化进程的加快有利于现阶段城镇化的发展。内生动力的 5 个子指标，除国企工业总产值外，其他 4 个指标均达到 1% 的显著性水平，这表明各省市经济发展水平与城镇化水平关系紧密，经济发展水平直接关系到城镇化质量的高低，其中，技术进步与创新对城镇化发展的影响最为明显。总体上看，外向动力对城镇化发展的影响不明显，只有进口额这一变量通过了 5% 的显著性水平检验，出口和外商直接投资在统计上都不显著。一个比较合理的解释是，一方面，改革开放初期，经济建设和大规模的固定资产投资使得资金相对紧缺，外资对中国经济发展起到很好的补充和促进作用。随着中国经济快速增长，资本市场不断完善，资金短缺现象不复存在，国内企业纷纷开始对外投资，中国对外直接投资流量从 2002 年的 27 亿美元激增至 2016 年的 1961.5 亿美元。另一方面，在经济全球化的背景下，我国对外贸易总额稳步增长，但为了应对国际经济复杂多变的局势，中央政府致力于提升国内实体经济的发展能力,积极刺激内需,加大研发投入和增强自主创新能力,缓解外部经济的消极影响。因此,外向动力对我国城镇化发展的作用相对较弱。

5.3.4 分地区的空间计量结果

为了进一步研究我国城镇化动力机制的区域差异,我们采用时空固定效应的 SAR 模型分别对东中西部三大区域进行了估计,结果见表 5-3。结果表明,三大地区的自回归系数 ρ 均达到了 5% 的显著性水平,各区域存在显著的空间相关性。而且,推动各地区城镇化发展的主导因素不尽相同。东部地区城镇化发展的主要推动力为内生动力和政府动力。除了拥有较强的经济实力,东部地区还得益于中央政府长期实施的非均衡发展战略。20 世纪八九十年代国家重点发展珠江三角洲、长江三角洲和京津唐及环渤海地区,设立经济特区、经济技术开发区、沿海开放城市以及保税区,吸引大量资金和人才,建立完整的产业分工协作体系,对东部地区的城镇化发展起到了重要的作用。市场动力方面,市场化指数通过了 1% 的显著性水平,说明市场机制在资源配置中发挥了决定性作用。中部地区的推动力主要源自内生动力,技术进步与自主创新能力对城镇化质量有较为明显的促进作用,实体经济发展能力较强,但政府动力尚显不足。虽然中央政府制定了诸如"中部崛起"等发展战略以推动中部经济和城镇化发展,但从实证结果来看,效果尚未完全显现。政府对西部地区城镇化发展的推动力最为明显,国有经济投资不仅在 1% 的显著水平上显著,而且回归系数最大,这表明中央政府"西部大开发"等一系列发展战略以及"一带一路"倡议的效果较为明显。另外,市场动力、内生动力和外向动力均对西部地区城镇化发展有一定的推动作用。

表 5-3　三大区域的时空固定效应 SAR 模型的空间计量结果

变量	东部	中部	西部
国有经济投资	0.0448	0.1826	0.2305***
人均财政支出	-0.0786***	0.0497	0.0144
人均固定资产投资	0.0565***	-0.0663	0.0368**
非农就业占比	0.0403*	0.0142	0.0672
非公有劳动占比	-0.0133	0.0148	0.0977***
非国有投资占比	-0.0030	-0.0327	-0.0278
市场化指数	0.0973***	-0.0302	0.0308
直接融资占比	0.0083	0.0235**	-0.0079
非农产值占比	-0.0461	0.0903**	0.0490
工业化率	0.0368	-0.0116	0.1222***
国有企业工业总产值	-0.0384**	0.0209*	0.0404
第三产业增长率	0.0139*	-0.0133	-0.0289***
人均专利申请授权数	0.1285***	0.1255**	0.0217
出口额	0.0265	0.2014	0.0910
进口额	0.0075	-0.4602**	0.5442**
外商直接投资	0.0037	0.0569	-0.0022
W * dep. var.	-0.1738***	-0.1474**	0.3608***
R^2	0.9877	0.9195	0.9497
样本数	187	136	187

注：*、** 和 *** 分别表示统计量在 10%、5% 和 1% 的显著性水平下是显著的。

5.3.5　稳健性检验

从前面的空间计量结果看，无论是全国还是分区域，空间自回归系数均通过了 5% 水平上的显著性检验。同时，空间计量模型中空间权重矩阵的选择至关重要，我们分别使用地理距离权重矩阵和社会经济距离权重矩阵对模型参数进行重新估计。结果表明，空间自回归系数通过了 5% 的显著性水平的检验，我国新型城镇化质量的空间相关性仍然存在。

而且，拟合优度和对数极大似然值表明时空固定效应的 SAR 模型更优。以上结果的一致性说明本研究结论是稳健的。[①]

5.4 新型城镇化动力机制的进一步研究

本节运用定基极差熵值法对表 5-1 中 4 个动力指标分别进行测度，试图揭示每一个动力指标对我国新型城镇化质量的总体影响，从而进一步探究新型城镇化的动力机制。

5.4.1 动力指标测度

采用定基极差熵值法分别测度 4 个动力指标，得到 2000—2016 年我国 30 个省份的内生动力、外生动力、政府动力与市场动力的综合指数。关于定基极差熵值法，前文已有详细阐述，这里不再赘述。限于篇幅，仅将各动力因素综合指数的描述性统计列于表 5-4 中。

表 5-4　　　　　新型城镇化动力因素测度的描述性统计

指标	观测数	均值	中位数	最大值	最小值	标准差
内生动力	510	1.0224	0.6036	7.8488	0.0241	1.2012
外向动力	510	0.4335	0.1126	5.7026	0.0007	0.8135
政府动力	510	1.4025	1.0418	7.0413	0.0312	1.2506
市场动力	510	1.2002	1.0406	5.2849	0.0421	0.8430

---

① 限于篇幅，这里未列出不同空间权重矩阵的空间计量结果。如有兴趣，可向作者索取。

5.4.2 空间计量模型设定

1. 模型的选择

传统计量分析假设横截面空间单元之间不存在空间相关性，安塞林（Anselin，1988）的研究表明，空间数据几乎都存在一定程度的空间依存性，忽视这种空间相关性有可能引起实证结果的偏误。空间计量方法将空间滞后项和空间自相关误差项引入传统模型，分别得到空间滞后模型（SLM）和空间误差模型（SEM），前者反映的是内生交互作用，后者反映的则是误差项之间的交互作用。后来有学者对SEM模型进行了发展，既考虑被解释变量的空间滞后项，还考虑了解释变量的空间滞后项，从而提出了空间杜宾模型（SDM）。三种模型的基本形式如下：

$$y_{it} = \rho \sum_{j=1}^{n} w_{ij} y_{jt} + \beta x'_{it} + \mu_i + \lambda_i + \varepsilon_{it} \tag{5.6}$$

$$\begin{cases} y_{it} = \beta x'_{it} + u_{it} + \mu_i + \lambda_i \\ u_{it} = \rho \sum_{j=1}^{n} w_{ij} u_{jt} + \varepsilon_{it} \end{cases} \tag{5.7}$$

$$y_{it} = \rho \sum_{j=1}^{n} w_{ij} y_{jt} + \beta x'_{it} + \theta \sum_{j=1}^{n} w_{ij} x'_{jt} + \mu_i + \lambda_i + \varepsilon_{it} \tag{5.8}$$

式（5.6）、式（5.7）和式（5.8）分别为SLM、SEM和SDM的基本形式。其中，y_{it}表示区域i在t时期的被解释变量，x_{it}表示$1 \times k$维的解释变量，w_{ij}为空间权重矩阵，ε_{it}和u_{it}表示随机误差项，μ_i和λ_i分别表示空间效应和时间效应。实证分析之前，需要对三种模型的适用性进行判断。首先采用拉格朗日乘数（LM）检验判断是否需要引入空间变量，如果拒绝原假设，则说明建立空间计量模型的必要性；然后依据Wald检验从三种模型中选取最优模型。

2. 空间效应的分解

安塞林（Anselin, 1988）认为，当空间滞后项的回归系数不为 0 时，普通回归系数所反映的解释变量对被解释变量的影响结果有偏差，需要对总效应进行分解，从中剥离出直接效应与空间溢出效应。一些学者应用空间偏微分方法对空间效应进行分解，但这样做需要多次抽样，计算过程过于复杂。本研究采用萨热和佩斯（LeSage & Pace, 2009）的方法：

$$[I - \rho w]^{-1} = I + \rho w + \rho w^2 + \rho w^3 + \cdots \tag{5.9}$$

5.4.3 实证结果分析

首先，我们构建不含空间交互项的计量模型如下：

$$Urban_{it} = \beta_0 + \beta_1 Inward_{it} + \beta_2 Outward_{it} + \beta_3 Govern_{it} + \beta_4 Market_{it} + \mu_i + \lambda_i + \varepsilon_{it} \tag{5.10}$$

其中，$Urban_{it}$ 表示 i 省份 t 年份的新型城镇化指数；$Inward_{it}$、$Outward_{it}$、$Govern_{it}$ 和 $Market_{it}$ 分别表示 i 省份 t 年份的内生动力、外向动力、政府动力和市场动力指数；μ_i 和 λ_i 分别表示空间效应和时间效应，ε_{it} 表示随机误差项。对式（5.10）进行 LM 统计量检验，计算出空间、时间和时空固定效应模型的显著性检验结果（见表 5-5）。从表 5-5 可以看到，空间和时间固定效应的 LR 检验均在 1% 显著水平上显著，说明模型中同时包含空间和时间固定效应。因此，应考虑时空固定效应下的 LM 统计结果。显然，时空固定效应的 LM 统计量检验均通过 1% 的显著性检验，说明 SLM 和 SEM 模型都成立。结合 SDM 模型的 Wald 检验结果，选择 SDM 模型是恰当的。

表 5-5　　　　　　　　非空间面板模型的 LM 检验

	混合估计	空间固定效应	时间固定效应	时空固定效应
LM spatial lag	7.6243***	101.0244***	50.6046***	42.3556***
R_LM spatial lag	1.1069	30.0907***	36.6775***	32.6401***
LM spatial error	80.0302***	120.7063***	15.3865***	9.7323***
R_LM spatial error	73.5128***	49.7726***	1.4593	0.0168
空间固定效应 LR 检验	565.1912***			
时间固定效应 LR 检验	203.1600***			

注：*** 表示统计量在 1% 显著性水平上显著。

根据式 (5.8)，本研究采用的空间杜宾模型如下：

$$Urban_{it} = \beta_0 + \rho \sum_{j=1}^{n} w_{ij} Urban_{jt} + \beta_1 Inward_{it} + \beta_2 Outward_{it} + \beta_3 Govern_{it}$$

$$+ \beta_4 Market_{it} + \theta_1 \sum_{j=1}^{n} w_{ij} Inward_{jt} + \theta_2 \sum_{j=1}^{n} w_{ij} Outward_{jt}$$

$$+ \theta_3 \sum_{j=1}^{n} w_{ij} Govern_{jt} + \theta_4 \sum_{j=1}^{n} w_{ij} Market_{jt} + \mu_i + \lambda_t + \varepsilon_{it} \quad (5.11)$$

式 (5.11) 中变量含义与式 (5.10) 相同，w_{ij} 表示空间邻接权重矩阵。为了分析我国城镇化发展的区域差异，本研究同时给出了全国和东中西部地区的空间杜宾模型的估计结果（见表 5-6）。根据 Hausman 检验的结果，全国和西部地区的统计值不显著，不能拒绝存在随机效应的原假设，因此采用随机效应的 SDM 模型更有效。而东部和中部地区 Hausman 检验的统计值分别在 5% 和 1% 的显著性水平上显著，结合表 5-5 的 LM 检验结果，采用时空固定效应的 SDM 模型更优。从表 5-6 的估计结果可以看到，除中部地区的内生动力变量外，无论是全国还是三大区域，内生动力、外向动力、政府动力和市场动力对本地新型城镇化质量的影响均显著，而且基本达到 1% 的显著性水平。具体而言，从全国来看，政府动力对各省份新型城镇化发展的推动作用最大，内生动力次之，外向动力和市场动力较小。三大区域的情况有所不同，从东部地区看，内生动力和政府动力的影响最大，推动作用相当，外向动力和市场动力的系数虽显著为正，但作用较小；中部地区影响最大的动力因素是政府因素，内生动力的影响并不显著；西部地区城镇化发展的主要推动力是外向动力，市场因素则不利于中西部地区城镇化的发展。同时，相邻地区的动力因素对本地区新型城镇化发展也产生一定的影响。具体而言，从全国来看，相邻地区的外向动力对各省份的影响在10%的显著性水平上显著为正，其他动力因素的影响并不显著；从三大区域看，相邻省份的外向动力对东部地区城镇化发展具有一定的推动作用，市场动力的影响则显著为负，相邻省份对中部地区的促进作用来自于政府因素，西部地区则受到相邻省份内生动力的正面影响。总体上看，周边地区动力因素的作用更小也更不显著。

表5-6 空间杜宾模型的估计结果

	全国		东部	中部	西部
	OLS	随机效应	时空固定效应	时空固定效应	随机效应
intercept	0.2577***				
Inward	0.1279***	0.0891***	0.1175***	0.0052	0.0697***
Outward	0.0188**	0.0346***	0.0163*	0.0801*	0.3422***
Govern	0.1161***	0.1284***	0.1142***	0.1605***	0.0838***
Market	0.0980***	0.0360*	0.0538**	-0.0374***	-0.0305***
W*Inward		-0.0129	0.0016	-0.0013	0.0682*
W*Outward		0.0157*	0.0217*	0.009	-0.035
W*Govern		0.0045	-0.0024	0.0577**	0.0264
W*Market		-0.0147	-0.0606***	-0.0097	0.0461
W*dep. var.		0.2590***	0.1360*	-0.2361***	0.1950*
R^2	0.9329	0.9754	0.9931	0.9912	0.8658
LogL		785.69	336.41	—	351.66
Hausman test		0.9585	20.58**	37.80***	14.01

注：*、**和***分别表示统计量在10%、5%和1%的显著性水平上显著。

以上估计结果中自回归系数显著不为0，实证结果可能存在偏误，因此需要利用式（5.9）对各动力因素的影响效应进行分解（见表5-7）。

从全国来看，政府动力和外向动力的直接效应与空间溢出效应均显著为正，这说明政府调控和外向经济不仅能够推动本省（市）新型城镇化质量的提升，还对相邻省（市）的发展起到了显著的促进作用。内生动力和市场动力对本省（市）新型城镇化质量的直接效应在1%的显著性水平上显著，但对相邻省（市）的空间溢出效应并不显著。从直接效应的程度上看，政府动力对新型城镇化的推动作用最大。这表明21世纪以来，中国新型城镇化质量的大幅提升很大程度上得益于政府的城镇化发展战略。随着中国经济进入"新常态"阶段，新型城镇化发展已成为经济增长新的驱动力，中央和各级政府通过产业布局、基础设施建设、国有经济投资等政策，大大推动了各省份新型城镇化的发展。内生动力对新型城镇化发展的促进作用仅次于政府，这表明城镇化进程的推进必须依靠内生发展能力的提升。2000年以来，各省份加快工业化进程，积极推进产业的升级与转型，大力发展第三产业，不断加大研发力度以提升自主创新能力，实体经济的发展能力迅速提高，本地新型城镇化发展也因此受益。四大动力因素中，外向动力和市场动力的影响程度虽然不及政府动力和内生动力，但它们对我国新型城镇化质量的推动作用在统计上也是显著的。一方面，随着全球一体化进程的加快，中国在国际竞争与分工中的地位不断提升，外部因素对我国经济发展的影响日渐深化。国际贸易和外商直接投资总量的持续增加，强化了企业间的合作与竞争，区域创新能力得以提高，区域专业化格局日趋完善。另一方面，市场机制在资源配置中的决定性作用仍不可忽视。市场化进程的加快，资本市场的进一步完善，以及非国有经济作用和地位的提高，均有利于我国新型城镇化的发展。此外，政府动力和外向动力对周边地区的空间溢出效应说明，政府调控和外向因素不仅有助于本省（市）新型城镇化质量的提高，还促进了邻近省（市）的城镇化发展，从而有助于我国整体城镇化水平的提升。

表 5-7　各动力因素对新型城镇化质量的直接效益和空间溢出效应

	变量	直接效应	空间溢出效应	总效应
全国	Inward	0.0898***	0.0135	0.1033***
	Outward	0.0364***	0.0323***	0.0687***
	Govern	0.1307***	0.0471**	0.1778***
	Market	0.0355***	-0.0076	0.0279
东部	Inward	0.1183***	0.0201	0.1384***
	Outward	0.0182*	0.0262*	0.0444*
	Govern	0.1148***	0.0146	0.1294***
	Market	0.0506***	-0.0594**	-0.0088
中部	Inward	0.0055	-0.0024	0.0031
	Outward	0.0843*	-0.0078	0.0766
	Govern	0.1575***	0.018	0.1756***
	Market	-0.0372**	-0.0016	-0.0388
西部	Inward	0.0744***	0.0988*	0.1732***
	Outward	0.3441***	0.0343	0.3784*
	Govern	0.0867***	0.0513	0.1380***
	Market	-0.0283**	0.047	0.0187

注：*、** 和 *** 分别表示统计量在 10%、5% 和 1% 的显著性水平上显著。

从三大区域看，各动力因素对新型城镇化质量的影响差别较大，我们认为，这是我国新型城镇化质量呈现空间差异的重要原因。从直接效应来看，东部地区的主要驱动力是内生动力和政府动力，市场动力次之，外向动力最小；中部地区城镇化发展的主要动力是政府动力；西部地区则主要来自外向因素的推动作用。改革开放以来，中央政府实施非均衡发展战略，集中力量重点发展东部地区，诸如珠江三角洲、长江三角洲和京津唐及环渤海地区等地区获得较多的政策支持，并设立经济特区、经济技术开发区和保税区。政策和地理区位的双重优势促使资本、人才、技术等要素向东部地区集聚，逐渐形成完整的产业协作体系，使得东部地区在收入水平、发展机会、公共服务、城市发展等方面明显优于中西部地区，成为新型城镇化发展中的"引领者"，中西部地区则成为"追赶者"。一方面，东部地区内生发展能力的巨大优势，不断拉大与中西部地区新型城镇化发展水平的差距；另一方面，虽然中央政府实施了"中部崛起""西部大开发""振兴东北老工业基地"等一系列区域平衡发展战略，但这些举措在短时期内很难产生明显的成效，而地方政府因地制宜的政策调控对各省（市）新型城镇化发展的推动作用更容易在短期中显现效果。同时，总体上看，东部地区四大动力因素在统计上均显著为正，这表明各动力机制对新型城镇化发展均发挥了积极的促进作用，新型城镇化进程的各个层面相对更加均衡。中西部地区则不然，内生动力对中部地区的作用并不显著，市场动力对中西部地区的作用均显著为负。中西部不少地区仍处于资源输出的初级阶段，丰富的土地、矿产、能源等自然资源的优势难以发挥，市场机制在资源配置中决定性作用的缺失是其中一个重要的原因。因此，中西部地区对东部地区的"追赶效应"并未出现，东部地区与中西部地区之间城镇化质量的差距呈现出不断扩大的趋势。

从空间溢出效应看，三大区域中各省份对周边地区的促进作用并不显著，而且，东部地区的市场动力对邻近省份的城镇化发展产生抑制作用，其原因可能在于，发展过程中各省份对周边地区的生产要素产生一定的"虹吸效应"[①]。尤其是东部地区各省（市）经济发展水平差异较大，这种"虹吸效应"更加明显。同时，东部地区城镇化发展的动力机制中内生动力的作用最大，各省份之间内生发展能力的差距进一步加大了城镇化发展水平的差异。因此，东部地区城镇化质量的区域内差异最为显著，且表现为不断拉大的趋势。

---

① 虹吸效应指经济主体的活动对其他利益相关者的利益产生侵蚀的现象。这里特指具有优势地位的城市或省份将周边城市或省份的资源要素吸引过来的现象。

5.5 本章小结

通过构建新型城镇化动力指标体系，本章采用空间计量方法分析了新型城镇化质量与空间动力机制之间的关系，以避免回归结果的偏误。时空固定效应的 SAR 模型的实证结果表明，我国新型城镇化发展的动力主要来自内生动力，政府动力和市场动力相当，外向动力的作用最小。分地区的实证结果显示，各区域新型城镇化质量与动力机制的关系有所差异。东部地区的主导动力是内生动力和政府动力，市场动力次之；中部地区新型城镇化发展主要依靠内生动力，政府动力不足；西部地区的最大推动力来自政府，其他三种动力也对新型城镇化发展产生影响。其中，国有经济、财政支出、市场化指数与非公有劳动占比的积极作用较为明显。

通过对四大动力因素的综合测度，采用空间杜宾模型进一步探讨新型城镇化动力机制，我们发现，2000—2016 年我国新型城镇化质量的显著提高是内生动力、外向动力、政府动力和市场动力共同作用的结果。其中，政府动力和内生动力的推动作用最为明显。外向动力和政府动力对邻近省份产生显著的空间溢出效应，这有助于我国城镇化整体水平的提升。从三大区域看，不同的动力机制导致区域间新型城镇化发展的差异。东部地区城镇化发展的动力机制主要是内生动力和政府动力，较强的实体经济发展能力以及合理的政策安排使得东部地区城镇化发展的优势越来越明显，加上外向经济和市场机制的推动作用，东部地区新型城镇化质量增速较快。而四大动力因素并未对中西部地区城镇化发展形成合力，中部地区主要依靠政府动力，西部地区则更多依靠外向动力，内生发展能力对中部地区的推动力并不显著，而市场动力对中西部地区均产生了抑制作用。因此，东部地区与中西部地区的城镇化发展表现出明显的差距，而且这种差距呈现波动上升趋势，"追赶效应"尚未显现。另外，三大区域的空间溢出效应并不明显，尤其是东部地区，由于区域内各省份内生发展能力差异较大，市场动力对周边省份形成显著为负的空间溢出效应，不仅未能带动周边地区城镇化的发展，反而产生"虹吸效应"，导致东部区域内城镇化质量的差距不断扩大。

第 6 章　FDI 的空间特征分析

6.1 相关文献评述

随着城镇化迅速发展，外商直接投资（FDI）流入的数量逐年增长。商务部数据显示，2018 年我国实际使用外资总额达 1349.7 亿美元，位居全球经济体的第 2 位。目前，我国正处于"纳瑟姆曲线"的快速城镇化阶段，需要大量资金的持续投入，外资对我国城镇化发展的作用不言而喻。近年来，外资结构虽然不断优化，但区位分布并不均衡，东部沿海地区的集聚特征明显。FDI 区位的总体态势虽趋于分散，但其地理重心仍偏向我国东南方向，高值集聚区向北推进，低值集聚区则向西南收缩（胡志强等，2018）。与此同时，我国城镇化发展水平也表现出空间异质性，空间格局由改革开放初期的"北高南低"演变为 21 世纪的"东强西弱"（李凯等，2018）。新型城镇化热点区虽有一定的空间演化和跃迁特征，但总体上仍呈现较为显著的"马太效应"（周敏等，2018）。我们认为，FDI 空间溢出效应可能是我国区域城镇化发展不平衡的重要原因之一。那么，我国 FDI 流入表现为怎样的空间特征？是否与新型城镇化发展存在相似性？本章将运用探索性空间数据分析方法进行研究。

国内学者对 FDI 空间特征的研究主要从两个方面展开：

一是采用不同统计指标和计量方法对 FDI 空间差异的特征和变化趋势进行测度和分析。魏后凯（2003）考察了加入 WTO 后我国 FDI 的区位变化，认为外资之所以高度集中在东部沿海地区，主要原因在于该地区有利于生产活动，拥有较健全的外部配套设施和聚集经济。赵家亮等（2008）采用空间马尔科夫链分析方法和 GIS 空间分析技术测度了江苏省 FDI 的集聚与扩散水平，并对形成这种空间特征的原因进行了解释。蒋伟和刘牧鑫（2010）运用探索性空间数据方法研究 FDI 的分布格局及空间动态演变，发现 FDI 呈现空间正相关性，相似 FDI 水平的地区趋于空间集聚。赵果庆（2015）基于 Logistic 函数面板平滑转换回归模型验证了 FDI 产业的双重集聚溢出效应，结果表明，集聚效应能优化我国内资产业结构，但扩大了地区内资产业发展差距。沈飞（2016）研究了长江三角洲地区生产型服务业 FDI 与东道国技术溢出的关联格局，认为外部资本、市场化程度和开放程度对技术溢出的影响更为重要。

二是对影响 FDI 空间分布和区位选择的因素进行实证研究。罗宏翔和赵果庆（2012）检验了 4 类产业 FDI 的集聚特征，发现不同产业在不同地区集聚情况不尽相同，东部 FDI 制造业未能产生溢出效应是外资制造业难以进入西部的主要原因。张文武和熊俊（2013）研究发现，我国 FDI 的空间集聚效应对地区经济增长具有积极的促进作用，邻近区域的空间溢出和关联效应较为明显，在一定程度上能够解释我国经济发展的区域差异性。胡志强等（2018）探讨了外资分布特点与影响因素，发现外资结构趋于优化，且在空间上由集聚趋向分散均衡，呈"北进西移"的态势。

6.2 FDI 的空间相关性分析

如前所述,探索性空间分析方法分为全局和局部两种。我们先采用 Moran's I 指数对 FDI 全局的相关性进行分析。表 6-1 中列出了 2001—2016 年 LogFDI 的自相关检验结果,可以看到,所有年份的 Moran's I 指数均通过了 1% 显著性水平检验。这表明,在样本期间内我国 FDI 流入存在明显的正空间相关性。图 6-1 显示了 Moran's I 指数逐年变化的趋势,空间集聚特征并未减弱。

表 6-1　2001—2016 年新型城镇化指数与 LogFDI 的自相关检验

年份	城镇化指数			LogFDI		
	Moran's I	Z 值	p 值	Moran's I	Z 值	p 值
2001	0.3630	3.5926	0.003	0.4389	3.8571	0.001
2002	0.3679	3.6395	0.004	0.4657	4.0172	0.001
2003	0.3450	3.7189	0.002	0.4693	4.0052	0.001
2004	0.3368	3.6366	0.004	0.4441	3.7987	0.001
2005	0.3428	3.3988	0.005	0.5288	4.5154	0.001
2006	0.3202	3.2635	0.006	0.5210	4.5386	0.001
2007	0.3755	3.7024	0.003	0.5293	4.5732	0.001
2008	0.3849	3.9156	0.002	0.4878	4.2503	0.001
2009	0.4065	4.1033	0.001	0.4413	3.8498	0.001
2010	0.4330	4.1431	0.003	0.4400	3.8327	0.001
2011	0.4691	4.4909	0.002	0.4604	4.0145	0.001
2012	0.4912	4.4176	0.001	0.4626	4.0542	0.001

续表

年份	城镇化指数			LogFDI		
	Moran's I	Z值	p值	Moran's I	Z值	p值
2013	0.4610	4.3477	0.001	0.4541	3.9470	0.001
2014	0.4435	3.9644	0.002	0.4678	4.1776	0.001
2015	0.4551	4.3226	0.001	0.5067	4.5892	0.001
2016	0.4338	4.0887	0.003	0.5171	4.8687	0.001

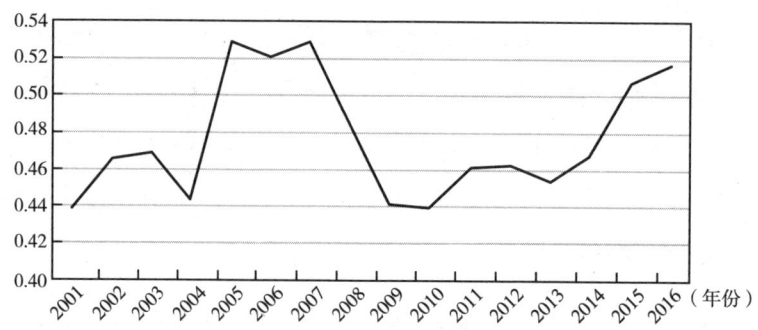

图6-1　2001—2016年我国FDI的Moran's I指数变动趋势

Moran's I指数反映出各区域FDI整体分布的正向空间集聚特征，但只能说明所有区域与周边地区之间FDI流入的空间差异的平均程度，无法区分整体正相关条件下的高值集聚和低值集聚，也无法体现其空间格局及其发展趋势。利用不同年份的Moran散点图可以弥补上述不足。限于篇幅，仅选取2001年和2016年的散点图为代表进行分析（见图6-2）。图6-2直观展示了2001年和2016年我国FDI流入的区域格局。从图中可以发现，大部分省份集中在第一象限和第三象限。第一象限为"高—高"类型，其空间特征表现为FDI流入较多的省份趋向于与其他利用外资较多的省份相邻；第三象限为"低—低"类型，其空间特征则是FDI流入较少省份趋向于与其他利用外资较少的省份相邻。2001年和2016年分别处于第一象限与第三象限的具体省份，见

表6-2，东部地区的省份全部集中在第一象限，而集中在第三象限的省份则主要来自西部地区。显然，Moran散点图不仅验证了我国FDI区域分布的正向空间相关特征，还揭示了FDI流入的空间异质性。"高—高"和"低—低"两种主导类型明确地反映了FDI在我国区域分布不均衡的空间格局，这与第4章中新型城镇化发展的空间格局非常类似。

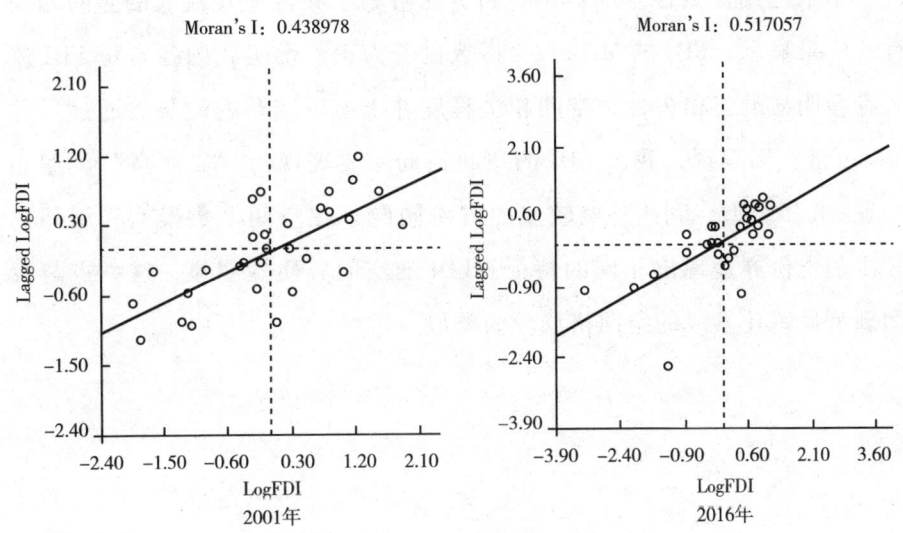

图6-2　2001年和2016年新型城镇化Moran散点图

表6-2　　　　　　　　2001年和2016年散点图的省份分布

	2001年	2016年
第一象限 （H-H象限）	上海、江苏、广东、福建、浙江、山东、北京、天津、河北、湖南	山东、河南、江苏、安徽、湖北、浙江、江西、湖南、福建、广东、天津、河北、上海、北京
第三象限 （L-L象限）	山西、广西、重庆、新疆、宁夏、云南、贵州、青海、甘肃、陕西、内蒙古	新疆、宁夏、云南、贵州、青海、甘肃

6.3 本章小结

本章运用探索性空间数据分析方法考察了我国 FDI 流入的空间相关性。结果显示，FDI 的 Moran's I 指数显著为正，说明我国各省份 FDI 流入存在明显的正相关性，空间相关程度并未出现减弱的趋势。通过局部 Moran 散点图发现，我国 FDI 的空间格局主要表现为"高—高"类型和"低—低"类型，利用外资较多的省份倾向于在空间上集聚，利用外资较少的省份亦表现出相同的特征。FDI 的空间异质性明显，这一点与我国新型城镇化发展的空间格局较为类似。

第 7 章　FDI 区位选择的空间相关性分析

上一章我们发现我国 FDI 流入存在明显的空间相关性，本章我们将进一步分析 FDI 区位选择的空间相关性的影响因素。

7.1　文献综述与理论分析

目前，国内外不少文献基于传统引力模型来研究 FDI 的单边或多边影响因素（Blonigen，2005；孙俊，2002）。但这种研究方法往往忽视了 FDI 的空间相关性，因为影响 FDI 区位选择的除了东道国和母国之外，还有它们周边的市场，即所谓的"第三方效应"。布隆尼根等（Blonigen et al.，2007，2008）的研究表明，FDI 的这种空间相关性有助于解释跨国公司在海外投资的动因。而巴尔塔吉等（Baltagi et al.，2007）发现，跨国公司可以利用东道国廉价的要素以降低价格，也可以通过试图更加接近目标市场以节约贸易成本，而东道国周边市场有可能对这两方面产生影响，从而影响东道国和母国的双边贸易和投资环境。杨海生等（2010）首次采用空间计量方法发现，引入"第三方效应"能够更好地反映我国各省 FDI 的分布特征，有助于理解 FDI 的区位选择。之后大量研究纷纷运用空间回归方法来考察这种空间相关性，研究结果发现引入空间滞后变量不仅能够为分析

FDI 的影响因素和区位选择提供有效的信息，还有助于区分空间溢出效应和竞争效应（Garretsen & Peeters，2009；Blanco，2011；Shepotylo，2012；史本叶和张超磊，2015；田素华和王璇，2017）。

FDI 区位选择的空间相关性存在于母国和东道国两个层面。布隆尼根等（2008）在跨国公司利润最大化条件下运用局部均衡的方法，构建了考察母国间 FDI 空间相关性的模型。当其他企业对跨国公司在东道国的边际生产成本产生较大冲击时，母国间的空间相关性就有可能出现。具体来说，该模型包含了影响边际成本的两个不同效应。第一个效应通过技术扩散和市场关联的生产溢出效应降低了边际成本。于是母国间 FDI 的空间相关性为正，布隆尼根等（2008）称之为"空间溢出效应"。但 FDI 通过增加东道国商品、投入品或房地产市场的需求拉升投入品价格，有可能将其他国家的竞争者挤出。这种挤出效应与企业对东道国稀缺资源的竞争情形一致。而且，当大量的 FDI 从其他国家流入同一东道国时，跨国公司的投资机会和市场份额都将减少，类似于新地理经济学中的分散因素（deglomerative forces）的第二种效应出现了。此时，母国间 FDI 空间相关性为负。布隆尼根等（2008）把这种效应称为"竞争效应"或"挤出效应"。

FDI 在东道国间的空间相关性有助于我们理解跨国公司海外投资的动机。谢波蒂尔（Shepotylo，2012）将投资动机分成四种：市场寻求型、效率寻求型、复合垂直型和出口平台型。市场寻求型 FDI 意味着跨国公司为了利润最大化，在东道国建立企业以取代出口。这里不考虑从东道国出口到其他国家的情况。而出口平台型正好相反，它表明对跨国公司最有利的情况是仅在一个东道国投资，并从该国出口到其他国家。在这种情形下，由于外资流入特定的东道国，其他潜在的东道国的 FDI 数量就减少了。垂直型 FDI 则意味着跨国公司利用母国和东道国之间的价格差异以实现利润最大化。如果垂直型 FDI 从母国流向某东道国而没有流向其他国家，那么它属于纯垂直型。如果跨国公司在多个东道国建立起垂直生产链以利用价格差异，那么这种导致价值链碎片化的 FDI 就是复合垂直型 FDI。

布隆尼根等（2007）认为，引入空间滞后变量可以让我们了解驱动跨国公司海外投资的主要原因到底是哪种类型的 FDI。东道国间的纯水平 FDI（即市场寻找型）不存在空间相关性，因为跨国公司有关出口比例或分支机构销售的市场规模的决策都是相互独立的。而这种空间相关性可能出现在出口平台型和垂直型 FDI 上，因为这两种类型的投资均是跨国公司以放弃在其他国家的投资为代价的。

显然，纯垂直型和出口平台型 FDI 的空间相关性均为负。区分两者的一个方法是用某一变量捕捉东道国周边国家的市场规模信息，周边市场的信息能够潜在地反映出某市场所提供的与供求相关的区位优势（Garretsen & Peeters，2009）。换言之，FDI 倾向于流入拥有对商品和服务需求更高的市场所在的地区和国家，或者更加青睐拥有较好中间品供应商的市场所在的地区和国家（Baldwin & Wyplosz，2009）。周边市场潜力对出口平台型 FDI 的影响应该是正的，因为周边较大的市场使得东道国对该类型的 FDI 更具吸引力。而周边市场潜力对纯垂直型 FDI 的影响为负，而且很可能不显著，因为周边大市场所带来的区位优势对纯垂直型 FDI 的影响不大。周边市场潜力对市场寻求型 FDI 的影响也不大，但对复合垂直型 FDI 的影响比较复杂。如果周边市场潜力主要源于对商品和服务较高的需求，那么它对复合垂直型 FDI 影响不大。如果这种市场潜力主要来自更好的中间投入品供应商，那么它对复合垂直型 FDI 将产生正向影响。盖瑞森和佩特斯（Garretsen & Peeters，2009）的研究表明，复合垂直型 FDI 会由于供给的缘故产生空间集聚。因此，东道国间可能存在正向的空间相关性以体现这种聚集效应。表 7-1 总结了两个空间滞后效应和周边市场潜力的预期影响。

表 7-1　　　　　空间滞后和周边市场潜力的预期影响

	东道国	母国	周边市场潜力
市场寻求型 FDI	0		0
纯垂直型 FDI	−		0
出口平台型 FDI	−		+
复合垂直型 FDI	+		0/ +
空间溢出效应		+	
竞争效应		−	

综上，从母国和东道国两个层面共同来考察 FDI 的空间相关性有助于我们更好地理解外资的区位选择。但现有文献要么只针对特定母国（比如美国）对其他国家的投资，要么只分析特定东道国（比如中国）流入的外资，很少建立母国与东道国之间的多边分析框架，未能同时考察母国和东道国的空间相关性对 FDI 区位选择的影响。

本章以萨热和佩斯（LeSage & Pace，2009）的模型为基础，采用 APEC 中 16 个经济体的面板数据，构建一个多边分析框架从东道国和母国（地区）两个层面探究空间相关性对 FDI 区位选择的影响，并在此基础上考察东道国的经济规模、劳动力质量、基础设施、贸易自由度等因素，以期为 FDI 区位选择理论提供有益的扩展。

7.2
实证模型与研究方法

7.2.1　实证模型

引力模型的基本思想是两个经济体之间的经济活动主要取决于各自

的经济规模和地理距离,就国际贸易而言,经济体间的贸易量与其经济规模呈正比,与地理距离呈反比。20世纪70年代末安德森(Anderson)建立国际直接投资引力模型,研究国际投资流量问题,发现经济体间投资流量主要与收入和人口规模成正比,与距离成反比。我们基于萨热和佩斯(2009)的框架,i 国对 j 国 t 期的 FDI 由下面的式(7.1)决定:

$$\ln FDI_{ijt} = \alpha_0 + \alpha_1 \ln GDP_{it} + \alpha_2 \ln GDP_{jt} + \alpha_3 \ln Dist_{ij} + \gamma_{ij} + \psi_t + \varepsilon_{ijt} \quad (7.1)$$

其中,下标 i 和 j 分别表示母国和东道国;t 表示时间,ψ_t 和 γ_{ij} 分别表示时间效应和国家效应。时间效应通常在模型中被作为固定参数,因为它们与 $\ln GDP_{it}$ 和 $\ln GDP_{jt}$ 均相关。模型中引入时间固定效应是考察干扰项的空间自相关的一种方法(Elhorst,2010)。为了分析面板数据的横截面特性,我们假设国家效应 γ_{ij} 随机且以 $(0, \sigma_\mu^2)$ 独立同分布,而且还要求它与自变量不相关,这一点可以用 Hausman 检验来验证。最后,ε_{ijt} 为残差项。

由于引力模型是从母国和东道国之间的相互依赖性中抽象出来的,因此它忽视了复杂的交互关系下双边模型无法稳定的扩展到多边世界这一事实(Behrens et al.,2010)。我们在引力模型中引入两个空间滞后变量和东道国周边市场潜力变量($\ln Mark_{jt}$),来考察 FDI 的空间相关性。变量 $\ln Mark_{jt}$ 用东道国周边市场规模的距离加权来度量。

我们用空间权重矩阵 W^i 和 W^j 分别来度量母国间和东道国间的空间联系。将两个权重矩阵分别与模型的因变量相乘可以得到两个向量 $W^i FDI$ 和 $W^j FDI$。从本质上看,$W^i FDI$ 反映的是母国 i 流入东道国 j 的 FDI 数量在多大程度上受到该母国的邻国流入同一东道国 j 的 FDI 数量的影响。同样,$W^j FDI$ 反映的是母国 i 流入东道国 j 的 FDI 数量在多大程度上受到该母国流向东道国 j 的邻国的 FDI 数量的影响(LeSage & Pace,2009)。本研究采用安塞林(1988)的方法来定义这两个权重矩阵:

$$W^i = (w^i \otimes I_{n'}) \otimes I_T \quad (7.2)$$

$$W^j = (I_{n^i} \otimes w^j) \otimes I_T \tag{7.3}$$

其中 I 表示单位矩阵；w^i 和 w^j 分别表示 $n^i \times n^i$ 和 $n^j \times n^j$ 的行标准化的矩阵。

在模型的设定中，w^i 和 w^j 依据 k 个距离最近的国家来构建。在我们的基准模型中采用 $k=3$（LeSage & Pace，2009；Pinkse & Slade，1998）；即根据各母国 i（或东道国 j）首都之间的直线距离，我们赋予其中距离最近的三个国家的权重为 1，其他国家的权重为 0。这样，w^i 的定义如下：

$$w_{i,-i} = \begin{cases} 1 & \text{如果} -i \text{ 是母国 } i \text{ 最邻近的 3 个国家之一} \\ 0 & \text{其他} \end{cases} \tag{7.4}$$

w^j 的定义也类似。由于不同空间权重矩阵的设定将对参数的估计产生影响，所以在后面的稳健性检验中我们将分别采用 $k=2$ 和 $k=4$，以及距离衰减（distance decay）概念这几种不同的定义进行参数估计。基于距离衰减的 w^i 的定义如下：

$$w_{i,-i} = \begin{cases} \dfrac{1}{Dist_{i,-i}^n} & -i \neq i \\ 0 & -i = i \end{cases} \tag{7.5}$$

其中，$Dist_{i,-i}$ 表示两个国家首都之间的距离，稳健性检验中取 $n=1$ 和 $n=2$ 两种情形。我们还将考虑一些可能影响 FDI 的区位因素。将这些变量和常数项放入矩阵 $\bar{Z}$ 中，我们就得到了一个扩展的空间引力模型：

$$\ln FDI = \rho^i W^i \ln FDI + \rho^j W^j \ln FDI + \alpha_1 \ln GDP^i + \alpha_2 \ln GDP^j + \alpha_3 \ln Dist$$
$$+ \bar{Z} \alpha_4 + Z_\psi \psi + \tilde{\varepsilon} \tag{7.6}$$

时间虚拟变量包含在 Z_ψ 中，国家效应和误差项包含在 $\tilde{\varepsilon}$ 中。

7.2.2　实证方法

由于式（7.6）中引入的两个空间滞后变量（$W^i FDI$ 和 $W^j FDI$）对

于误差项是内生的,因此我们采用安塞林(1988)以及萨热和佩斯(2009)的极大似然法进行参数估计。考虑到使用的是非平衡面板数据,依照巴尔塔基(Baltagi,2005)的方法我们定义方差—协方差(variance–covariance)矩阵 $E(\tilde{\varepsilon}\tilde{\varepsilon}') = \sigma_\psi^2 \sum$,如下:

$$\sum = I_{\tilde{N}} + \theta Z_\gamma Z_\gamma' \tag{7.7}$$

$$Z_\mu = diag\{\xi_{T_{ij}}\} \tag{7.8}$$

其中,$\tilde{N} = \sum_{ij=1}^{N} T_{ij}$;$\theta = \sigma_\gamma^2/\sigma_u^2$。矩阵 Z_γ 包含了 T_{ij} 期间 N 对母国—东道国数据的变化,这样可以解决数据缺失的问题。

用 y 表示向量 FDI,令 $Z \equiv [GDP^i, GDP^j, Dist, \bar{Z}, Z_\psi]$,$\delta \equiv (\alpha_1, \alpha_2, \alpha_3, \alpha_4', \psi')'$,$F \equiv I_{\tilde{N}} - \rho^i W_{\tilde{N}}^i - \rho^j W_{\tilde{N}}^j$,则 log 似然函数如下:

$$\Gamma = -\frac{\tilde{N}}{2}\log(2\pi) - \frac{\tilde{N}}{2}\log(\sigma_\mu^2) - \frac{1}{2}\log\left|\sum\right| - (Fy - Z\delta)'\sum\nolimits^{-1}$$
$$(Fy - Z\delta)/2\sigma_\mu^2 + \log|F| \tag{7.9}$$

其中 $\log|F|$ 表示从 y 的联合分布中推导出的雅可比矩阵。从权重矩阵 W^i 和 W^j 中去掉所有包含负的 FDI 的行和列分别得到 $W_{\tilde{N}}^i$ 和 $W_{\tilde{N}}^j$。$\hat{\delta}$ 和 $\hat{\sigma}_\mu^2$ 可以通过一阶条件得到,即:

$$\hat{\delta} = (Z'\hat{\sum}\nolimits^{-1} Z)^{-1} Z' \hat{\sum}\nolimits^{-1} Fy \tag{7.10}$$

$$\hat{\sigma}_\mu^2 = (Fy - Z\delta)' \hat{\sum}\nolimits^{-1} (Fy - Z\delta)/\tilde{N} \tag{7.11}$$

ρ^i、ρ^j 和 θ 的一阶条件均为非线性,只能通过数值方法来求解。我们使用 Matlab 中最优化工具箱里的"fmincon"来求解。基于萨热和佩斯(2009)的方法,在最优化过程中我们设置了两个约束条件。首先,由于随机效应条件下 $0 < \sigma_\mu^2 < \infty$,所以我们令 $\theta > 0$。其次,为了确保极大似然估计的渐进性,我们令 $|\rho^i| < 1$,$|\rho^j| < 1$ 且 $-1 < \rho^i + \rho^j < 1$。

另外,极大似然估计的标准误我们采用 bootstrap 法计算,但在重复抽样过程中需要特别注意两个问题。首先，在极大似然估计中不应设置配对（paired bootstrap），这样会破坏数据的空间结构（Anselin，1988）。因为在使用工具变量估计时，如果从向量 y 中重新抽样，空间滞后变量（比如 $W^i y$）在极大似然估计中会发生变化，从而破坏数据的内在性质。其次，残差 bootstrap 法虽然是一种可行的方法，但通常条件过于严格，要求误差项独立同分布。因此，我们依照卡梅伦和特里维迪（Cameron & Trivedi，2005）的观点采用 wild bootstrap 法，即使存在异方差和残差序列相关，仍然能保证良好的渐进性。

在后面的实证分析中，我们首先对包含所有变量的一般模型进行极大似然估计，然后逐步去掉 t 值（绝对值）最小的变量，直到剩下的变量在统计上都显著。考虑到 FDI 对区位因素的变化的反应可能存在时滞（Bevan & Estrin，2004），我们将对所有非空间滞后变量采用滞后一年的数据进行计量分析。同时，使用滞后值也能够缓解逆向因果所引起的问题（Wooldridge，2001）。最后，我们将进行稳健性检验。

7.3
实证结果分析

7.3.1 变量说明

（1）引力变量和空间变量

与 GDP 相关的引力变量（$\ln GDP_{it}$ 和 $\ln GDP_{jt}$）体现的是规模效应，其影响均为正。因为母国的 GDP 越大，对外直接投资就越多；东道国的市场规模越大，对 FDI 的吸引力也越大。母国和东道国首都间的距离（ln$Dist$）不仅量度运输成本，还能体现两国间的公共机构和文化的距离。该变量的影响取决于 FDI 属于市场寻求型还是效率寻求型。前者的目的是用 FDI 取代出口，较大的双边贸易距离势必增加 FDI 的规模。而如果是后者，出口活动是逐利的自然结果，该变量与 FDI 的关系应该是反向的。不过，即便是市场寻求型，国家间在文化和公共设施方面的巨大差异也有可能增加监督和投资成本。而且，子公司通常从母公司进口中间产品（Kleinert & Toubal, 2010），因此，距离变量的影响尚不确定（Carr, Markusen & Maskus, 2001）。ln$Mark_{ji}$通过对东道国周边国家的 GDP 进行距离加权而得到，能够反映需求效应和集聚效应。$W^i FDI$ 和 $W^j FDI$ 衡量的是母国和东道国中 FDI 的空间相关性。如前所述，它们的系数能够让我们更好地了解影响跨国公司海外投资的动因。

（2）控制变量

除了以上探讨的变量外，我们的研究中还需要考虑一些区位变量。如德韦鲁和格里菲斯（Devereux & Griffith, 1998）的观点，各种区位因素对 FDI 的影响均基于跨国公司在投资地的税后利润最大化的假设，所以必须考察影响边际成本和边际收益的诸多因素。

劳动力成本（ln$Wage$）和劳动生产率（ln$LProd$）这两个变量反映东道国的劳动力市场的状况，分别用人均国民收入和人均劳动生产率量度。工资上升或者生产成本提高将减少 FDI 的流入，而劳动生产率的提高有助于降低生产成本，所以，我们预期前者的影响为负，后者的影响为正。通货膨胀率（$Infla$）通常用作宏观经济风险的代理变量，用东道国消费者物价指数量度。因为高通胀率表明宏观经济的不确定性，由此产生的交易费用将降低 FDI 流入的可能性。不过，由于模型中因变量是一个名义量，较高的通胀率也有可能导致外资数量的增加（Bush & Lipponer,

2007),所以这个变量的影响并不确定。

贸易自由化(ln Trade)用东道国进出口总额占 GDP 的比率来衡量。国家风险水平(Risk)采用 PRS 提供的国际国家风险指南(International Country Risk Guide,ICRG)中"3B Researchers Dataset 2014"给出数据来量度。两个变量都降低交易费用导致更多的 FDI 流入,故预期系数均为正。关税收入占进口的比例(Tariff)可以用来反映一国在贸易和外资方面的实际开放程度。高关税的影响取决于 FDI 潜在的动机。效率寻求型 FDI 会被高关税阻碍,而高关税会刺激市场寻求型的 FDI,即避税 FDI(tariff-jumping FDI)。不过,与距离变量类似(比如市场寻求型跨国公司的海外子公司也有可能从母公司进口中间品),该变量的符号也不确定。企业有效税率(Tax)按照德韦鲁和格里菲斯(2003)的方法计算,其系数的符号预期为负,因为较高的平均税率降低了投资的税后收益从而减少投资。公共基础设施的代理变量(Infra),我们用每百人宽带互联网用户人数来量度。增加公共基础设施的建设可以降低生产成本,从而提高投资的收益率,所以预期该变量对外资的影响为正。

7.3.2 数据说明

为了考察 FDI 区位选择的空间效应,本研究选取 APEC 中 8 个发达经济体(澳大利亚、加拿大、日本、韩国、新西兰、新加坡、美国以及中国香港)作为母国(地区),8 个发展中经济体(中国、智利、印度尼西亚、马来西亚、墨西哥、秘鲁、菲律宾和泰国)作为东道国。仅选择这几个国家作为母国(地区)和东道国,有人担心空间滞后变量的估计可能会出现偏误。但我们认为这种偏误不会产生,因为样本中国家(地区)间 FDI 的数据波动很大。比如,2005 年新加坡对中国的直接投资是对墨西哥的 157 倍。这种某母国（地区）在某特定东道国投资数量很多，而在其他东道国投资数量很少的情形表明，样本中包含了"反事实"数据，从而能够避免变量估计的偏误。

所有数据均来源自国研网、UNCTAD 数据库、CEPII 数据库和国家风险指数 ICRG，样本区间为 2002—2012 年①。相关变量以美元不变价为单位，除了 FDI 和距离变量，其他变量均取滞后一年的数据，且均取 log 值以应对异常值。表 7-2 给出了所有变量的统计性描述。

表 7-2 变量的统计性描述

变量	均值	标准差	最大值	最小值
$\ln FDI_{ij}$	5.27	2.46	11.16	-0.43
$\ln GDP_{it-1}$	13.8	1.46	16.56	11.62
$\ln GDP_{jt-1}$	13.64	1.12	16.44	12.04
$\ln Dist_{ij}$	8.83	0.89	9.84	5.75
$\ln Mark_{jt-1}$	13.68	0.53	15.1	12.69
$W^i \ln FDI_{-i}$	5.03	2.63	10.57	-5.58
$W^j \ln FDI_{-j}$	4.95	2.71	9.54	-6.58
$\ln Wage_{jt-1}$	8.22	0.83	9.86	6.62
$\ln LProd_{jt-1}$	9.56	0.49	10.46	8.78
$Infla_{jt-1}$	3.84	2.67	13.1	-0.9
$\ln Trade_{jt-1}$	4.36	0.48	5.37	3.55
$Risk_{jt-1}$	67.05	7.73	81.75	44.46
$Tariff_{jt-1}$	8.23	0.64	9.26	6.76
Tax_{ijt-1}	41.78	12.84	68.7	24.5
$Infra_{jt-1}$	3.02	3.27	11.62	0.01

---

① 样本的时间跨度方面，本研究采用国家间的双边 FDI 数据同时考察母国和东道国间的空间相关性。通过 UNCTAD 数据库和国研网数据库的数据整理，得到的最新数据到 2012 年。

7.3.3 结果分析

(1) 基准模型的结果

表 7-3 中给出的是式 (7.6) 的极大似然估计的结果,其中包含了时间虚拟变量,而且 Hausman 检验结果表明未拒绝随机效应假设。表中第 (1) 列包含了全部变量,第 (2) 列去掉了两个不显著的变量,第 (3) 列则排除了所有不显著的变量。

首先探讨我们最关心的空间滞后变量。表 7-3 中第 (1) 和第 (2) 列给出了 $W^i FDI$ 的系数,虽然第 (1) 列的数据表明它在统计上不显著,但考虑到它在本研究中的重要性,我们将其他两个不显著的变量去掉之后再次进行估计,结果仍然不显著。这表明母国周边市场对其流入同一东道国的 FDI 数量的影响是负的,但并不显著。这种统计上的不显著可能说明样本中 FDI 不存在空间溢出效应和竞争效应,也可能由于两种相反的效应均存在,但相互抵消了。另外,贝拉克和兰布雷希特 (Bellak & Leibrecht, 2009) 对国有企业资产私有化过程中向本国或外国投资者转移进行研究时发现,私有化是 FDI 的一个非常重要的驱动因素,私有化经常导致跨国并购。如果私有化所引发的并购在 FDI 总量中是主要的,那么从某特定母国流出的巨量 FDI 应该同时伴随着其他母国较低的 FDI 流出,这种竞争效应将表现为母国间的负空间相关性。由于数据获取的问题,我们并未考虑这个变量,这有可能是母国空间相关性不显著的一个重要原因。

表 7-3　　　　　　　　极大似然估计的结果

变量	(1) 所有变量	(2) 剔除部分变量	(3) 变量全部显著	(4) 不含空间变量
$W^j \ln FDI_{-j}$	0.2931***	0.2945***	0.3364***	—
$W^i \ln FDI_{-i}$	-0.0247	-0.0205	—	—

续表

变量	(1) 所有变量	(2) 剔除部分变量	(3) 变量全部显著	(4) 不含空间变量
$\ln GDP_{it-1}$	0.8788***	0.8873***	0.8529***	0.9685***
$\ln GDP_{jt-1}$	1.3464***	1.2030***	1.3291***	1.1257***
$\ln Dist_{ij}$	-1.2454***	-1.2396***	-1.2502***	-1.4517***
$\ln Mark_{jt-1}$	0.3872**	0.2477**	0.2058**	
$\ln Wage_{jt-1}$	-0.6562***	-0.6155***	-0.6244***	-0.6054***
$\ln LProd_{jt-1}$	0.0892			
$Infla_{jt-1}$	-0.0845**	-0.0970**	-0.0931**	-0.0795*
$\ln Trade_{jt-1}$	0.7601*	0.4104*	0.4918**	0.4682**
$Risk_{jt-1}$	-0.0328	—		
$Tariff_{jt-1}$	0.2472*	0.1483		
Tax_{ijt-1}	-0.0611*	-0.0449*	-0.0424**	-0.0005
$Infra_{jt-1}$	0.1206**	0.0984**	0.0858**	0.0811**
σ_μ^2	0.91	0.92	0.92	0.98
时间虚拟变量	30.82***	31.57***	31.95***	35.15***
LogL	-841.46	-843.40	-855.72	-861.58
Hausman 检验 chi2	16.82	16.11	15.45	

注：***、** 和 * 分别表示 1%、5% 和 10% 的显著性水平，下表同。

$W^j FDI$ 的实证结果在统计上非常显著，这说明母国流入东道国的外资与同一母国流入该东道国的周边国家的外资之间存在着空间相关性，其系数的符号为正意味着流入东道国的外资越多，其邻国也将吸引更多的 FDI。这表明样本中流入东道国的 FDI 主要是复合垂直型 FDI。量度周边市场潜力的变量 $\ln Mark_{ji-1}$ 的系数也显著为正，这进一步说明 FDI 的类型以复合垂直型为主，同时还反映出 FDI 的集聚效应。

传统的引力变量 $\ln GDP_{it-1}$、$\ln GDP_{jt-1}$ 和 $\ln Dist$ 的实证结果与我们预期是一致的。母国的经济规模越大越能提供更多的资本，东道国的经济规模越大则能提供更大的市场，这些均加大了外资的流入。而较大的地理距离以及由此产生的文化距离等因素增大了跨国公司海外投资的成本，从而减少 FDI 的数量。

控制变量中体现东道国劳动力市场状况的两个变量 ln$Wage$ 和 ln$LProd$，第一个的系数显著为负，说明东道国中较高的工资成本不利于外资的进入；而第二个变量的系数在统计上不显著，这表明东道国劳动力的生产率差异和变化并不会对 FDI 产生实质性的影响，这与跨国公司能够将母国的劳动力生产率水平传递到东道国的观点是一致的，即 FDI 的技术溢出效应。这也进一步说明纳瓦雷蒂和维纳布尔斯（Navaretti & Venables, 2004）的观点，即跨国公司的海外子公司的劳动生产率是高于国内企业的。

通胀率（$Infla$）将增大跨国公司投资的不确定性，企业平均税率（Tax）则提高了投资的成本，这两个变量的系数在统计上显著为负。ln$Trade$ 和 $Infra$ 的系数显著且为正，东道国更大的贸易自由度和较好的公共基础设施显然能够降低投资成本，提高企业竞争力，有利于外资的流入。这些变量的系数符号与我们之前的预期一致，但显著性有所下降。

注意到国家风险水平（$Risk$）和关税占进口的比率（$Tariff$）在统计上均不显著。如前所述，理论上国家风险水平会加大投资风险，从而对 FDI 产生负面影响。我们认为，实证结果与理论不符的原因可能是，国家风险的高低只是跨国公司选择进入东道国所考虑的一个因素，在经济全球化的背景下，市场和资源等因素更为重要。而且即使在高风险的国家，跨国公司也可以通过制定有针对性的生产和市场策略、通过定价等方式进行风险补偿或者有效的风险管理来降低国家风险。$Tariff$ 统计上不显著则可能是因为其对不同类型 FDI 的影响不同，从而在整体上抵消了。

最后，表 7-3 中第（4）列是不含有空间滞后变量和周边市场潜力变量的经典引力模型的实证结果。与第（3）列的数据对比显示，考虑"第三方效应"后控制变量的结果更加稳健。这说明不考虑空间相关性不会引起实证结果的偏误，但有可能失去一些有关 FDI 的重要信息。

(2) 稳健性检验

由于实证结果在很大程度上依赖于本研究所采用的估计量（即基于正态分布假设的极大似然法）以及权重矩阵的定义，因此，这部分我们将运用工具变量和不同定义的权重矩阵对实证结果进行稳健性检验。

首先，表 7-4 列出的是工具变量的估计结果。这里，我们按照克勒简和普鲁查（Kelejian & Prucha, 1998）的方法对 $W^i FDI$ 和 $W^j FDI$ 进行工具变量估计，即使用模型中所有外生变量的空间滞后值作为工具变量。比如，表 7-4 的第 1 列使用 $W^i X$ 和 $W^j X$ 作为工具变量，X 表示所有外生变量的矩阵。而第 3 列的估计只考虑母国的空间相关性，所以仅使用 $W^j X$ 作为工具变量，X 仍然表示所有外生变量的矩阵。从表 7-4 列出的数据来看，工具变量的估计结果与极大似然估计所得的变量系数的符号和大小均相近，但有些变量的统计显著性有所下降，尤其是周边市场潜力 $\ln Mark$ 在统计上变得不再显著。这可能说明工具变量估计不如极大似然法更为有效。

表 7-4　　　　稳健性检验——基于工具变量

变量	IV (1) 包含所有变量	IV (2) 剔除部分变量	IV (3) 全部显著
$W^j \ln FDI_{-j}$	0.3653 ***	0.3815 ***	0.3518 ***
$W^i \ln FDI_{-i}$	-0.0051	-0.0212	—
$\ln GDP_{it-1}$	0.8292 ***	0.8371 ***	0.8168 ***
$\ln GDP_{jt-1}$	1.4015 ***	1.2348 ***	1.3217 ***
$\ln Dist_{ij}$	-1.2373 ***	-1.2288 ***	-1.2337 ***
$\ln Mark_{jt-1}$	0.2812	0.2643	0.2557
$\ln Wage_{jt-1}$	-0.8457 ***	-0.1665 ***	-0.2500 ***
$\ln LProd_{jt-1}$	0.0659		
$Infla_{jt-1}$	-0.0781	-0.0862	-0.0884
$\ln Trade_{jt-1}$	0.2873	0.2695	0.2775
$Risk_{jt-1}$	-0.0370		

续表

变量	IV（1） 包含所有变量	IV（2） 剔除部分变量	IV（3） 全部显著
$Tariff_{jt-1}$	0.2371	—	—
Tax_{ijt-1}	-0.0611***	-0.0419***	-0.0398***
$Infra_{jt-1}$	0.1207***	0.1094***	0.1078***
σ_μ^2	0.95	0.96	0.96
时间虚拟变量	35.84***	36.28***	36.59***
Hausman 检验 chi2	16.82	16.11	15.45
Hansen-J 检验	18.35	13.52	9.87
Kleibergen-Paap 检验	46.84	48.21	144.17
$F1(W^j \ln FDI_{-j})$	108.56***	98.57***	148.36***
$F2(W^i \ln FDI_{-i})$	52.84***	50.38***	—

其次，我们仍然采用式（7.4）所定义的权重矩阵，但考虑 $k=2$ 和 $k=4$ 的情形，即分别赋予距离最近的 2 个和 4 个国家的权重为 1，其他国家的权重为 0 ［结果见表 7-5 中第（1）、（2）列］。然后使用距离衰减概念所得的权重矩阵，如式（7.5）所示，分别考察 $n=1$ 和 $n=2$ 两种情况 ［结果见表 7-5 中第（3）、（4）列］。

表 7-5　　　稳健性检验——基于不同定义的空间权重矩阵

变量	（1） $k=2$	（2） $k=4$	（3） $n=1$	（4） $n=2$	（5） 统一权重
$W^j \ln FDI_{-j}$	0.2768***	0.3549***	0.3681***	0.3437***	0.3011***
$W^i \ln FDI_{-i}$	-0.0025	-0.0201	-0.0059	-0.0284	-0.0045
$\ln GDP_{it-1}$	0.8186***	0.8405***	0.8060***	0.8255***	0.8130***
$\ln GDP_{jt-1}$	1.3887***	1.2851***	1.3540***	1.3412***	1.3516***
$\ln Dist_{ij}$	-1.2498***	-1.2394***	-1.2314***	-1.2201***	-1.2368***
$\ln Mark_{jt-1}$	0.2584**	0.2357**	0.2309**	0.2451**	0.2513**
$\ln Wage_{jt-1}$	-0.2575***	-0.1758***	-0.2510***	-0.2529***	-0.2651***
$\ln LProd_{jt-1}$	—	—	—	—	—
$Infla_{jt-1}$	-0.1054**	-0.1185**	-0.0956***	-0.0951**	-0.1017**

续表

变量	(1) $k=2$	(2) $k=4$	(3) $n=1$	(4) $n=2$	(5) 统一权重
$\ln Trade_{jt-1}$	0.4298*	0.3964*	0.4926**	0.4615*	0.4851**
$Risk_{jt-1}$	—	—	—	—	—
$Tariff_{jt-1}$	—	—	—	—	—
Tax_{ijt-1}	-0.0509***	-0.0482***	-0.0427***	-0.0408***	-0.0438***
$Infra_{jt-1}$	0.1157***	0.1121***	0.1099***	0.1147***	0.1108***
σ_μ^2	0.92	0.92	0.91	0.91	0.92
时间虚拟变量	30.22***	31.04***	28.52***	28.03***	30.60***
LogL	-848.85	-841.47	-847.22	845.57	-847.47

由于有些观点认为空间溢出效应和竞争效应与国家间的地理邻近性无关。比如，美国的对外投资通过溢出效应或竞争效应对其邻国加拿大和地理位置较远的日本的影响应该差别不大。如果是这样，权重矩阵中采用邻近性或距离加权可能会产生误导，所以我们在稳健性检验中采用统一权重矩阵，即赋予每个母国相同的权重，看看实证结果会发生怎样的变化［结果见表7-5中第（5）列］。

表7-5中列出的结果仍然采用极大似然估计，而且排除了不显著的变量。由于我们希望考察权重矩阵的变化对母国空间相关性的影响，所以尽管 $W^i FDI$ 在统计上不显著，但它仍然被放在所有的估计中。表7-5中的数据显示，使用不同的权重矩阵所得到的结果大多数是稳健的，而 $W^i FDI$ 在所有情形中均不显著。表中最后一列使用的是统一权重矩阵，估计结果与之前保持一致，这说明了整个时间区间内的样本中母国间不存在空间自相关。

值得注意的是，对于弱工具变量的序列相关性和异方差的稳健性检验中，F 检验拒绝了原假设，这一结果被 Kleibergen 和 Paap 弱识别检验的结果强化了。而且，Hansen J 的过度识别检验没有拒绝我们所使用的外生工具变量的联合有效性的原假设。最后，Wald 检验表明时间虚拟变量在统计上是显著的。

7.3.4 空间溢出效应的分解

在模型中引入空间变量后，变量系数的估计结果通常仅反映该变量的瞬间效应，而忽略了 $W^i FDI$ 和 $W^j FDI$ 可能带来的反馈效应（LeSage & Pace，2009）。通过空间溢出效应的分解可以得到直接效应、间接效应和总效应，其中的直接效应能够捕捉到这些反馈效应。萨热和佩斯（2009）发现偏微分不仅能更好地处理空间计量模型中的偏误问题，还能分解空间溢出效应。具体而言，式（7.12）中向量 Z 的变化对 y 的影响不应由标准 OLS 估计量 δ 给出，而应将式（7.12）转换为式（7.13）：

$$y = \rho^i W^i y + \rho^j W^j y + Z\delta + \tilde{\varepsilon} \quad (7.12)$$

$$y = (I - \rho^i W^i - \rho^j W^j)^{-1} (Z\delta + \tilde{\varepsilon}) \quad (7.13)$$

被解释变量 y 对解释变量 x 求偏导后的矩阵为：

$$\left[\frac{\partial y}{\partial x_{1K}} \cdots \frac{\partial y}{\partial x_{NK}}\right] = \begin{bmatrix} \frac{\partial y_1}{\partial x_{1K}} & \cdots & \frac{\partial y_1}{\partial x_{NK}} \\ \vdots & \ddots & \vdots \\ \frac{\partial y_N}{\partial x_{1K}} & \cdots & \frac{\partial y_N}{\partial x_{NK}} \end{bmatrix} = (I - \rho^i W^i - \rho^j W^j)^{-1} (I_N \delta_K) \quad (7.14)$$

向量 Z 中第 k 个变量对 y 的影响由 $(I - \rho^i W^i - \rho^j W^j)^{-1} (I_N \delta_K)$ 决定。于是，式（7.14）等式右边矩阵的主对角线上元素的算术平均值为直接效应，表示某国研究的解释变量对本国被解释变量的空间影响；非对角线上元素的平均值为间接效应，表示其他国解释变量对本国被解释变量的影响效应。表 7-6 给出了直接效应、间接效应和总效应的估计结果。

表 7-6 空间溢出效应的分解

变量	极大似然估计	直接效应	间接效应	总效应
$\ln GDP_{it-1}$	0.8529***	0.8932***	0.0354***	0.9286***
$\ln GDP_{jt-1}$	1.3291***	1.3257***	0.1752***	1.5009***
$\ln Dist_{ij}$	-1.2502***	-1.2008***	0.1044	-1.0964***
$\ln Mark_{jt-1}$	0.2058**	0.1345**	0.1752**	0.3097**
$\ln Wage_{jt-1}$	-0.6244***	-0.7417***	0.2815***	-0.4602***
$Infla_{jt-1}$	-0.0931**	-0.1152**	0.0182**	0.0970**
$\ln Trade_{jt-1}$	0.4918**	0.6104**	-0.1062**	0.5042**
Tax_{ijt-1}	-0.0424**	-0.3408**	0.2001**	-0.1407**
$Infra_{jt-1}$	0.0858**	0.0574**	0.0182**	0.0765**

表 7-6 中的结果显示，总体上各变量对东道国 FDI 的直接效应在统计上均显著，而且与极大似然估计的结果差异不大。具体而言，东道国和母国经济发展水平对 FDI 流入的直接效应显著为正，说明经济发展水平能够有效促进外资进入；周边经济体的发展水平对 FDI 流入产生了显著的间接影响，说明周边经济发展状况对东道国产生了竞争效应和空间溢出效应。直接效应大于间接效应则表明，提高东道国自身经济实力更有利于吸引外资。周边经济体的地理距离的间接效应不显著，劳动力工资和企业税负的间接效应则显著为正，表明周边劳动力工资水平和企业税收的提高可能增加东道国的竞争力，从而加大外资的进入。周边国家的通胀、贸易自由度和基础设施对东道国的间接效应虽然在统计上是显著的，但影响并不大，这说明提高东道国的贸易自由度，完善自身的基础设施建设，并采取适当有效的货币政策控制物价水平是引资政策的重点，不应过分依赖周边国家带来的空间溢出效应。

7.4 本章小结

早期文献在研究外资区位选择的影响因素时，重点关注东道国的区位特征而忽略了空间相关性。虽然近年来众多学者已经注意到外资在空间上的关联性，但多数研究仅从东道国的空间相关性进行分析（Blanco，2011）。本研究通过在引力模型中引入空间变量建立了多边分析框架，试图从东道国和母国两个层面考察空间相关性对 FDI 区位选择的影响。实证结果表明，东道国间存在显著为正的空间相关性，但母国之间存在这种空间相关性的证据较弱，还有待进一步的验证。换言之，母国流向东道国周边经济体的 FDI 数量越多，将带动更多的 FDI 从该母国流入同一东道国，这与大多数研究的结果一致（LeSage & Pace，2009；Blanco，2011）。而母国的邻国流入东道国的外资数量对其投资该东道国没有实质性的影响。同时，诸如经济规模、劳动力工资水平、基础设施、贸易自由度等东道国的区位因素对 FDI 流入的影响在统计上都是显著的。而且，通过空间溢出效应的分解发现，诸区位因素的直接效应与基准模型的结果基本一致。

第 8 章 FDI 对新型城镇化的空间溢出效应分析

8.1 引 言

目前，国内外学者对外资与城镇化之间关系的研究主要从两个方面展开。一方面研究文献分析 FDI 在城镇化发展中的作用。克拉克（Clark，1998）的研究表明，外资能带动东道国制造业与服务业的发展，从而对城镇化发展起到促进作用。Sit 和 Liu（2000）发现，FDI 对珠江三角洲的区域经济增长和城镇化产生了重要的推动作用。袁博和刘凤朝（2014）认为，城镇化、FDI 和技术创新三者存在长期均衡的关系，FDI 对城镇化发展有正向促进作用。臧新和江梦冉（2015）以江苏省 13 个主要城市为研究对象，发现 FDI 与江苏省城镇化发展之间存在良性互动关系，但各区域 FDI 与城镇化的互动关系有所差异。曾鹏和吴功亮（2016）基于一个多元分析框架，论证了外资对城市群的城镇化发展的促进作用。另一方面研究则注重探讨 FDI 影响城镇化发展的传导机制。袁冬梅等（2017）发现，FDI 对城镇化发展的溢出效应在不同金融发展水平下存在门槛效应。王艳丽和刘欢（2018）则认为，人力资本水平是外资对中国城镇化产生促进作用的重要条件。黄亚捷等（2018）研究表明，FDI 在城镇化过程中提供了重要的"拉力"，制造业就业在其中起到了正向的中介效应。陈辉民（2018）考察了外资与外贸对城镇化的交互作用，发现外资、外贸对城镇化的空间溢出效应均为正，但两者的交互作用阻碍了城镇化发展。

通过梳理已有文献不难发现，相关研究多建立在双边框架基础之上，并未考虑各区域新型城镇化水平的空间关联。事实上，中国新型城镇化发展存在明显的空间异质性（邹荟霞等，2018；李凯等，2018），FDI 在中国的区位分布也具有明显的集聚特征（邓峰和宛群超，2017）。在分析 FDI 对新型城镇化的影响时，不仅需要考虑各省份内经济、地理等因素，还应重视周边地区相关因素的交叉影响，否则容易引起实证结果的偏误。基于极大似然法的空间滞后模型和空间误差模型则有助于消除经典线性回归模型的偏误，结果更为准确可信（吴玉鸣，2006）。另一方面，某些文献虽然考虑到空间相关性，但一般采用人口城镇化率这一过于简单的指标衡量城镇化水平，不能反映新型城镇化的丰富内涵，进而难以准确把握 FDI 对新型城镇化的影响。

既然我国经济增长的区域差异呈现收敛趋势，存在落后者对领先者的"追赶效应"（孙向伟等，2017；周小亮，吴武林，2018），那么，与经济增长密切相关的新型城镇化水平是否表现出类似的发展趋势？外资在这一变化趋势中扮演怎样的角色？为了回答这些问题，本章将运用空间杜宾模型进一步探究 FDI 对新型城镇化发展趋势的空间溢出效应。

8.2 模型设定

8.2.1 指标选择与数据来源

为了研究外资对新型城镇化发展趋势的影响，我们采用2001—2016年30个省份的空间面板数据进行实证分析。各变量说明如下：（1）被解释变量（Urban）。采用前文测度的新型城镇化综合评价指数作为被解释变量。（2）主要解释变量。主要解释变量为FDI水平，这里采用各省份每年实际利用外资总额占GDP的比率衡量。（3）控制变量。考虑到数据的可获得性，选取固定资产投资水平、金融发展水平、市场化进程和工业化水平四个指标作为控制变量。其中，固定资产投资水平（Inv）采用各省每年人均固定资产投资额衡量；金融发展水平（Fin）采用各省年末金融机构存贷款之和占GDP的比率衡量；产业结构（Str）采用第二产业和第三产业总值占GDP的比率衡量；市场化进程（Mar）采用《中国市场化指数》（2011版、2016版）中提供的市场化指数衡量；工业化水平（Ind）则采用各省每年工业增加值占GDP的比率衡量。

指标数据来自国家统计局网站、《中国统计年鉴》、中经网统计数据库和《中国市场化指数》（2011版、2016版）。由于2015年和2016年的中国市场化指数尚未公布，本研究采用的基础统计数据均来自2014年，调查数据来自2015年和2016年。考虑到各指标对城镇化发展存在时滞，本研究将所有控制变量都取一阶滞后。各变量的统计性描述见表8-1。

表8-1　　　　　SDM模型变量的统计性描述

变量	意义	观测数	均值	中位数	最大值	最小值	标准差
$Urban$	新型城镇化指数	480	0.6956	0.5664	2.6697	0.0652	0.3827
FDI	FDI水平	480	2.0805	1.4366	16.5368	0.0231	2.2443
Inv	人均固定资产投资	480	3.0018	2.1240	11.6985	0.3938	2.4396
Fin	金融发展水平	480	2.5650	2.4146	7.5746	1.2793	0.9046
Str	产业结构	480	0.8615	0.8699	1.0231	0.6032	0.0728
Mar	市场化程度	480	5.1431	5.0162	9.9500	1.6979	1.8033
Ind	工业化水平	480	0.3931	0.4106	0.5304	0.1312	0.0796

8.2.2　空间计量模型

首先,我们构建不含空间交互项的计量模型:

$$Urban_{it} = \beta_0 + \beta_1 FDI_{it} + \beta_2 Inv_{i,t-1} + \beta_3 Fin_{i,t-1} + \beta_4 Str_{i,t-1} + \beta_5 Mar_{i,t-1} + \beta_6 Ind_{i,t-1} + \mu_i + \lambda_i + \varepsilon_{it} \tag{8.1}$$

其中,$Urban_{it}$为i省份第t年的新型城镇化指数,μ_i和λ_i分别表示空间和时间效应,ε_{it}为随机误差项。

实证分析之前,需要考察三种空间计量模型的适用性。首先,运用拉格朗日乘数(LM)检验判断是否需要引入空间变量,如果拒绝原假设,则说明需要使用空间计量模型;然后根据Wald检验结果选取最优模型。对式(8.1)进行LM检验,表8-2中列出了空间固定、时间固定和时空固定效应模型的检验结果。可以看到,空间和时间固定效应的LR检验均通过1%显著性水平的检验,说明模型中同时包含了空间和时间固定效应。因此,应考虑时空固定效应下的LM统计结果。时空固定效应的LM统计量在1%水平上显著,表明SLM和SEM模型都成立。从Wald检验结果看,空间滞后项和空间误差项均通过了1%的显著性检验,说明SDM模型更为适用。

表 8-2　　　　　　　　　非空间面板模型的 LM 检验

	混合估计	空间固定效应	时间固定效应	时空固定效应
LM spatial lag	51.3762***	90.0365***	26.7818***	32.4949***
R_LM spatial lag	18.1421***	22.4578***	13.9952***	26.5729***
LM spatial error	42.7689***	70.2339***	13.8847***	10.4992***
R_LM spatial error	9.5483***	2.6552*	1.0981	4.5702**
空间固定效应 LR 检验	300.8483***			
时间固定效应 LR 检验	119.5436***			

注：*、**、*** 分别表示统计量在 10%、5% 和 1% 显著性水平上显著。

于是，我们构建空间杜宾模型如下：

$$Urban_{it} = \beta_0 + \rho \sum_{j=1}^{n} w_{ij} Urban_{jt} + \beta_1 FDI_{it} + \beta_2 Inv_{i,t-1} + \beta_3 Fin_{i,t-1}$$

$$+ \beta_4 Str_{i,t-1} + \beta_5 Mar_{i,t-1} + \beta_6 Ind_{i,t-1} + \theta_1 \sum_{j=1}^{n} w_{ij} FDI_{jt}$$

$$+ \theta_2 \sum_{j=1}^{n} w_{ij} Inv_{j,t-1} + \theta_3 \sum_{j=1}^{n} w_{ij} Fin_{j,t-1} + \theta_4 \sum_{j=1}^{n} w_{ij} Str_{j,t-1}$$

$$+ \theta_5 \sum_{j=1}^{n} w_{ij} Mar_{j,t-1} + \theta_5 \sum_{j=1}^{n} w_{ij} Ind_{j,t-1} + \mu_i + \lambda_i + \varepsilon_{it} \quad (8.2)$$

式（8.2）中变量含义与式（8.1）相同，w_{ij} 表示空间邻接权重矩阵。

8.3 实证结果分析

8.3.1 SDM 模型的估计结果

为了分析外资对我国新型城镇化的区域差异的影响，本研究分别对全国和东、中、西部三大地区进行了估计。根据 Hausman 检验，全国、东部和西部地区的统计值均不显著,不能拒绝存在随机效应的原假设,故采用随机效应的空间杜宾模型;中部地区通过了5%的显著性检验,结合LM检验结果,选择时空固定效应的SDM模型更优。SDM模型的估计结果见表8-3。

从全国层面看,无论FDI还是控制变量,对本地区新型城镇化发展的影响均通过了1%显著性水平的检验。具体而言,产业结构升级对本地区城镇化发展的推动作用最大,金融发展水平和市场化进程次之,FDI的推动作用最小。经验研究表明,在资金相对匮乏的改革开放初期,外资对中国城镇化发展的推动作用是不言而喻的(王滨,2006)。但随着中国经济快速发展,自身实力不断增强,城镇化发展更依赖于内生发展能力,FDI的作用有所减弱。同时,我们发现,FDI对周边地区的溢出效应通过了1%显著性水平检验,而且对周边地区新型城镇化发展的推动作用比对本地区更大。产业结构升级和市场化进程也对周边地区有显著的影响,但这种影响是负面的。一个可能的解释是,由于产业结构优化和市场化的推进,使得该地区在城镇化发展中对周边地区的要素产生一定的虹吸效应,从而抑制了周边地区的城镇化发展。从地区层面看,各指标对三大区域的影响差异较大。除了工业化水平外,其他变量对东部地区新型城镇化发展的影响均在统计上是显著的,但FDI流入对周边省份的影响并不显著。中部和西部地区FDI不仅对本地城镇化发展有显著的推动作用,还有助于周边省份的城镇化发展。

表8-3　　　　　　　　空间杜宾模型的估计结果

解释变量	全国		东部	中部	西部
	OLS	随机效应	随机效应	时空固定效应	随机效应
FDI	0.0225***	0.0167***	0.0172***	0.0202***	0.0422***
Inv	0.0234***	-0.0166***	-0.0218**	0.0316***	0.0067
Fin	0.1424***	0.1189***	0.1489***	-0.0138	-0.0190
Str	0.8277***	0.3880***	0.3220*	-0.2170***	0.0815
Mar	0.1092***	0.1129***	0.1596***	-0.0062	0.0306***

续表

解释变量	全国		东部	中部	西部
	OLS	随机效应	随机效应	时空固定效应	随机效应
Ind	-0.5476***	-0.3298***	-0.2448	0.5258***	0.1770
$W*FDI$		0.0366***	0.0092	0.0431***	0.0336**
$W*Inv$		-0.0119	0.0030	0.0132*	-0.0119
$W*Fin$		0.0389	0.0923***	-0.1613***	-0.0472
$W*Str$		-0.3726*	-0.5949*	-0.2309***	-0.1194
$W*Mar$		-0.0433***	-0.0101	-0.0067	0.0323*
$W*Ind$		-0.2160	0.9064**	0.3778***	-0.0572
R^2	0.9103	0.9362	0.9421	0.9940	0.8127
LogL		512.8720	181.9824	—	296.6366
Hausman test		2.0314	17.9477	26.8081**	12.1305

注：*、**和***分别表示统计量在10%、5%和1%的显著性水平上显著。

8.3.2 空间效应的分解

由于自回归系数显著不为0，估计结果有可能存在偏误。为了更准确地说明解释变量对被解释变量的影响，我们对空间效应进行分解，得到直接效应、空间溢出效应和总效应的估计结果（见表8-4）。从全国来看，FDI和所有控制变量的直接效应均通过了1%的显著性检验。2001年中国加入WTO之后，中国经济迅速发展，利用外资的数量与质量不断提高，金融发展水平的提升、产业结构的优化和市场化进程的加速大大推动了我国新型城镇化的发展。我们认为，自身发展能力的提升是样本期间中国新型城镇化指数整体水平持续提高的重要原因。同时，FDI对新型城镇化水平的直接效应和空间溢出效应在1%显著性水平上均显著为正，这表明本地区和周边地区FDI流入同时促进了城镇化发展。从系数上看，FDI空间溢出效应的影响程度高于直接效应，FDI对周边地区的积极影响更加明显。前面的分析表明，FDI的空间分布与城镇化空间差异较为类似,"高—高"类型和"低—低"类型是主导类型。FDI 在新型城镇化发展水平较高的地区更趋于空间集聚,空间溢出效应的影响程度更高,从而进一步强化了新型城镇化的空间异质性,其区域差异未能呈现收敛趋势。因此,FDI 空间溢出效应是我国新型城镇化未表现出追赶效应,反而呈现马太效应的重要原因。

表 8-4　　　　　　　　空间杜宾模型的空间效应分解

地区	解释变量	直接效应	空间溢出效应	总效应
全国	FDI	0.0195***	0.0539***	0.0734***
	Inv	-0.0177***	-0.0210*	-0.0387**
	Fin	0.1231***	0.0904**	0.2135***
	Str	0.3715***	-0.3440	-0.0275
	Mar	0.1117***	-0.0195*	0.0922***
	Ind	-0.3487***	-0.3883	-0.7371**
东部	FDI	0.0176	0.0113	0.0290**
	Inv	-0.0212**	0.0016	-0.0196
	Fin	0.1525***	0.1111***	0.2636***
	Str	0.3062	-0.5864	-0.2802
	Mar	0.1592***	0.0049	0.1642***
	Ind	-0.2250	0.9207**	0.6958
中部	FDI	0.0150**	0.0357***	0.0507***
	Inv	0.0309***	0.0058	0.0367**
	Fin	0.0060	-0.1468***	-0.1408***
	Str	-0.1956***	-0.1728*	-0.3684***
	Mar	-0.0054	-0.0053	-0.0107
	Ind	0.4952***	0.2423**	0.7376***
西部	FDI	0.0416***	0.0332*	0.0748***
	Inv	0.0069	-0.0122	-0.0054
	Fin	-0.0180	-0.0462	-0.0642
	Str	0.0825	-0.1002	-0.0177
	Mar	0.0310***	0.0307	0.0617***
	Ind	0.1798	-0.0565	0.1233

注:*、** 和 *** 分别表示统计量在 10%、5% 和 1% 的显著性水平上显著。

从地区层面看，FDI 和各控制变量对三大区域新型城镇化的作用有所不同。控制变量方面，金融发展和市场化水平对东部地区的影响显著为正，而且影响程度较高；工业化水平和人均固定资产投资对中部地区的影响显著为正，但后者影响程度相对较低，金融发展与产业结构的影响显著为负；西部地区仅有市场化水平的影响在统计上是显著的，而且影响程度不高。由于改革开放初期，我国中央政府一直实施非均衡发展战略，力图集中力量发展优势地区，进而带动其他地区共同发展。东部地区在政策优势和区位优势的共同作用下，经济迅速增长，城镇化水平明显高于中、西部地区。虽然之后中央政府开始采取均衡发展战略，并积极推行"西部大开发""中部崛起"和"振兴东北老工业基地"等一系列发展战略，试图缩小中、西部与东部地区的差距。但东部地区凭借产业集聚和人才、资金以及技术等要素的集中，在社会发展、公共服务、制度环境和发展机会等方面拥有较大的优势。因此，金融发展水平和市场化程度的提升有助于东部地区的城镇化发展。FDI 对三大区域的总效应均显著为正，说明外资流入有助于推动各区域新型城镇化的发展。从影响程度上看，西部地区最大，中部次之，东部最弱。随着改革开放不断推进，东部地区的经济快速增长，资金匮乏的现象不复存在。地方政府的引资策略由此发生转变，逐渐由"重量轻质"向"重质轻量"过渡，技术密集型和环境友好型 FDI 成为东部地区的首选。同时，样本期之前，东部地区已基本形成了产业集聚，人才与技术的集中也大大提升了地区产业结构与企业的技术水平，其城镇化发展更依赖于自身经济实力的提升，因而，FDI 对东部地区城镇化发展的资本效应、规模效应和技术溢出效应的影响程度相对较小。而且，东部地区各省份的科技整体水平较高，区域间的竞争与挤出效应将进一步削弱 FDI 的技术溢出，FDI 的空间溢出效应并不显著。

中部与西部地区则不同，FDI 的直接效应与空间溢出效应均显著为正。

中部地区仍处于"重量轻质"阶段,由于产业结构、市场化进程和技术水平等方面落后于东部地区,FDI的直接效应也相对较弱。西部地区限于地理区位与经济发展水平,一直是FDI流入较少的地区,外资的利用效率相对更高。由于自身实力较弱且技术与创新水平较低,FDI的资本效应、规模效应以及技术溢出效应更为明显,加之"西部大开发"发展战略的推进,FDI直接效应的影响程度相对较高。另外,中部和西部地区的城镇化发展水平较低,FDI流入有利于要素和产业在区域内集聚,发挥规模经济与集聚效应,因此,FDI在这两个地区的空间溢出效应均显著为正。

8.3.3 稳健性检验

首先,由于不同的空间权重矩阵将影响空间计量回归结果的稳健性,我们采用另外两种方式构建空间权重矩阵进行检验。第一种方式,空间权重矩阵以两个省份的省会间距离的倒数为元素;第二种方式,则是以两个省份中心位置的地理距离的倒数为元素。回归结果显示,各变量的大小和方向并未发生显著变化。其次,考虑到FDI与新型城镇化之间的内生性问题,我们对FDI取一阶滞后项,仍然得到相似的回归结果。以上检验说明实证结果是稳健的。[①]

8.4
本章小结

本章运用空间杜宾模型分析FDI对城镇化发展的影响,实证结果表

---

① 限于篇幅,实证结果未在文中给出,如有兴趣,可向作者索取。

明，FDI空间溢出效应是我国区域新型城镇化水平呈现马太效应的重要原因。从全国层面看，FDI不仅推动本地城镇化发展，还对周边区域有显著的积极影响。同时，金融发展、产业结构优化与市场化程度的提升有助于我国新型城镇化的快速发展。从地区层面看，各变量对东部地区城镇化发展的推动作用更大。通过效应分解我们发现，FDI的直接效应和空间溢出效应均在1%水平上显著为正，而且空间溢出效应的影响程度更高。从三大区域来看，FDI对东、中、西部地区的直接影响均显著为正，各地区FDI的空间溢出效应有所不同。FDI空间溢出效应对中部和西部地区的影响显著为正，对东部地区的影响在统计上并不显著。控制变量对三大区域的影响也各不相同，金融发展、产业结构和市场化进程等因素对东部地区城镇化发展的影响显著为正，工业化水平对中部和西部地区的推动作用最大。

第 9 章　FDI 对新型城镇化的影响机制研究

学术界关于 FDI 对城镇化的影响的研究主要基于线性与非线性两种假设。线性假设的观点认为 FDI 对城镇化发展具有促进作用，且对沿海城市的影响更大（Sit et al.，2000；Chen et al.，2017）；非线性假设的研究发现，FDI 对城镇化的影响表现为曲线效应。比如，孙浦阳和武力超（2010）运用大推进模型论证了 FDI 与城镇化发展之间的倒 U 形关系；袁冬梅等（2017）利用省际面板数据发现 FDI 对城镇化的影响整体上为卧倒的 S 形结构。通过梳理既有文献我们认为，一方面，相关文献在探讨 FDI 对我国城镇化发展的影响时，较少考虑 FDI 在地理上的空间效应。经典线性回归模型由于忽略了空间相关性，结果容易出现偏误，基于极大似然法的空间滞后模型和空间误差模型有助于消除模型设置上的偏误，结果更为准确可信（吴玉鸣，2006）。另一方面，一些文献虽使用空间计量方法进行研究，但多采用城镇化率这一简单的指标来衡量城镇化水平，无法反映我国新型城镇化的丰富内涵。在中国经济处于转型期的背景下，针对 FDI 与城镇化发展的区域不平衡，运用恰当模型研究 FDI 对新型城镇化的空间溢出效应，不仅有利于从理论上进一步认识两者的关系，正确理解开放经济条件下外资对新型城镇化的影响，而且有助于贯彻新常态下协调发展的重要理念，推动中国经济持续健康发展。

9.1
FDI 对新型城镇化的影响与形成机制

9.1.1　FDI 对新型城镇化的影响机制

FDI 是资本、技术、管理和人才等一揽子要素的综合体，对东道国城镇化的影响分为短期和长期两种。FDI 作为一种资本，其流入能为东道国经济发展提供所需资金，这种资本累积效应对城镇化的影响通常是短期的。双缺口理论认为，发展中国家经济发展进程中需要大量资金，靠自身积累时间过于漫长，外资则是弥补国内资金缺口的有效途径。改革开放初期，中国经济处于起步阶段，国内外汇缺口和资金短期问题严重，外资的资本累积效应远大于其对国内资本的挤出效应。随着中国经济高速增长，持续的贸易顺差使得资金缺口不复存在，资本积累效应有所减弱。加入 WTO 之后，国内部分地区出现投资过热现象，FDI 挤出效应增大，对我国城镇化发展的不利影响有所显现。外资对新型城镇化的长期影响主要为就业创造效应和技术溢出效应。首先，外商投资能够为城镇提供大量就业机会，较高的收入和优越的工作条件吸引农村剩余劳动力向城镇迁移，从而直接推动城镇化发展。其次，外资带来的先进技术与经验通过溢出和渗透效应提高城镇劳动生产率，加快产业结构升级和产业集聚，配套基础设施和服务体系建设则扩大了城市非农用地规模，进而间接影响了城镇化进程。

具体而言，FDI 对新型城镇化的影响机制为：第一，集聚效应。随着对外开放的纵深发展,在各省份引资政策的主导下,大量外资持续流入,但主要集中在社会经济条件和区位优越的东部沿海地区,形成区域分布上的非均衡状态(邓峰和宛群超,2017)。FDI的集聚通过示范、竞争和关联等效应促使人口集中与产业集群,在局部空间形成规模经济和协同效应。集聚区内企业竞争加剧,节能低碳技术取代高能耗资源投入,高素质人才的流动和集中加速技术溢出与自主创新。同时,外资企业集聚不仅有利于城镇基础设施和社会服务体系等经济发展条件的共享,还能通过分摊排污成本、分享排污技术等方式,实现产业节能减排的规模效应,改善城镇绿色生态。第二,结构效应。FDI主要集中在第二、第三产业,吸纳大量农村剩余劳动力,周边地区的竞争效应和空间溢出效应进一步增加劳动力需求。人口的集中加快城市服务业发展,有效增强城市网络系统的数量效应和质量效应,对人口城镇化的推动作用明显(叶阿忠等,2015)。不过,外资进入不同的产业对东道国新型城镇化的影响有所差异。当外资进入高新技术产业,能够促进东道国产业结构升级与优化,对新型城镇化发展起到积极的作用。当外资将污染较为严重的产业转移到环境规制水平较低的国家,容易造成东道国生态环境恶化,从而阻碍新型城镇化发展。第三,技术效应。FDI的技术转移和前后向关联效应能够提高东道国的全要素生产率(王滨,2010)。较高的劳动生产率拉高要素报酬率,引导稀缺资源向高端价值链行业转移,通过改善城镇资源错配现象推动新型城镇化发展。第四,扩散效应。FDI空间集聚造成区域内各城市之间的"中心—外围"格局,中心城市与外围城市之间产生等级"势差"。中心城市致力于发展高端产业,将传统产业转移至外围城市;外围城市则通过承接传统低端产业,在产业集群化和系统化的过程中提升城市生产效率,优化资源配置。同时,中心城市利用资金、技术、人才等要素优势形成区域创新集群,不仅提升本地区新型城镇化水平,还能作为技术进步与创新的源泉,发挥空间溢出效应带动周边地区的城镇化发展。

综上，FDI 对新型城镇化的影响较为复杂，并非简单的线性关系。一方面，FDI 流入并非越多越好，它对东道国新型城镇化的影响受到当地经济发展水平、基础设施建设、外贸依存度、人力资本水平等一系列因素的制约（何兴强等，2014）。另一方面，外资与东道国各区域城镇化发展之间并非相互独立。外企出于成本的考虑，可能寻求与其他地区的企业合作，通过关联效应和竞争效应促进或抑制其他地区的城镇化发展。其他地区的引资政策或税收政策也可能影响 FDI 的空间溢出效应。这表明 FDI 溢出效应不会因为地理或行政边界而局限于外企最初的投资地，很可能会影响到邻近地区甚至更远。因此，我们提出：

假设1：各省份内、省份间以及总体 FDI 对我国新型城镇化的影响呈 U 形非线性特征，FDI 对新型城镇化发展具有空间溢出效应。

9.1.2 FDI"U 形效应"的形成机制

后发优势理论认为，通过模仿、学习或引进先进技术，欠发达国家能够减少研发费用、降低技术开发风险，最终实现技术的自主创新和经济的赶超。但技术的模仿与学习取决于东道国技术吸收能力的强弱，东道国或地区的技术水平在一定程度上能够反映其吸收能力。比如，刘和东（2012）认为，我国内企与外企之间存在较大的技术差距，不利于我国企业示范—模仿机制发挥作用，FDI 技术溢出效应并不显著。宋勇超和朱延福（2013）的研究表明，内外资技术水平差距存在门限效应：技术差距较小时，FDI 技术溢出效应较为显著，较大的技术差距则抑制这种技术溢出。这表明东道国技术水平较低时，难以从 FDI 溢出效应中获益，外资对东道国的挤出效应更大。随着技术差距不断缩小，东道国技术吸收能力相应提高，FDI 溢出效应对新型城镇化发展的作用更显著。

基于技术水平视角，我们提出：

假设 2a：技术水平对 FDI 与新型城镇化之间的 U 形关系存在调节作用。

改革与开放的并进加速了外资流入，我国部分行业的 FDI 比率已超过一般行业的警戒线（田毕飞和陈紫若，2016）。垄断优势理论认为，外企拥有先进技术和充足的资金，加上适当的跨国经营战略，能够在生产、管理、营销等方面获得垄断优势。依靠这种垄断优势，外企将对东道国产品市场和劳动力市场的价格形成产生影响，进而影响内企、产业结构乃至新型城镇化。比如，田利辉等（2014）发现，外资进入对我国企业的短期影响主要表现为正向溢出，有助于提高国内企业的生产率，但长期影响则表现为挤出效应。但是，这种作用与外资进入程度有关。一方面，FDI 进入东道国后，外企依靠垄断优势提高市场壁垒，对产品市场和劳动力市场形成冲击，改变市场竞争格局，对国内企业的经济活动产生挤出效应，不利于城镇化发展。另一方面，外资进入程度的加大有利于发挥 FDI 集聚效应与技术溢出效应对东道国市场化进程和产业结构升级的促进作用，从而推动新型城镇化发展。基于外资进入程度视角，我们提出：

假设 2b：外资进入程度对 FDI 与新型城镇化之间的 U 形关系存在调节作用。

FDI 的资本累积效应不仅能够弥补东道国的资金缺口，还能提高研发投入的有效性，从而增强国内企业的自主创新能力。罗军和陈建国（2014）的研究表明，FDI 对我国创新能力的影响存在明显的研发投入与研发劳动投入双门槛效应，外资对不同省份创新能力的影响有所差异。陈恒和侯建（2017）也发现，地区 FDI 流入与 R&D 投入对创新能力的影响均受限于地区知识产权保护强度，R&D 投入、外资与区域创新能力之间的门槛效应在地区间的差异明显。这意味着，外资进入初期，东道国研发投入尚处于较低水平，FDI 对国内资本的挤出效应抑制了技术溢出效应。当 FDI 积累到一定阶段时，国内企业的研发投入和研发效率均达到较高水平，FDI 溢出效应通过提升东道国企业自主创新能力促进新型城镇化发展。从研发投入视角，我们提出：

假设 2c：研发投入对 FDI 与新型城镇化之间的 U 形关系存在中介作用。

在传统二元经济模型中，资源禀赋是城镇化发展的推力，城镇就业需求则是城镇化发展的拉力。FDI 通过带动东道国制造业和服务业的发展刺激城镇的就业需求，进而拉动城镇化进程。比如，陈赤平和陈海波（2018）发现，引入外资对我国生产性服务业具有直接正向的就业效应，对资金密集型的生产性服务业的就业效应尤为明显。黄亚捷等（2018）也认为，FDI 通过就业效应为我国城镇化提供了重要拉力，其中，制造业就业有着正向的中介作用。这表明，FDI 对东道国新型城镇化的影响可以通过劳动力就业来实现。一方面，外资进入会增加技术工人和熟练工人的需求，引起工资水平上涨，对国内企业的预期成本与收益产生不利影响。另一方面，当 FDI 达到一定水平时，FDI 溢出效应有助于劳动力市场的完善和企业技术水平的提升，促进新型城镇化发展。基于就业效应视角，我们提出：

假设 2d：劳动力就业对 FDI 与新型城镇化之间的 U 形关系存在中介作用。

9.2 模型设定与特征事实

9.2.1 模型设定

如上文所述，FDI 通过短期的资本积累效应和长期的就业创造效应与技术溢出效应，影响东道国的经济增长、产业结构调整以及人力资源水平等因素，进而对城镇化进程发生作用。这里借鉴袁冬梅等（2017）的思路，将 FDI 纳入柯布-道格拉斯生产函数：

$$y_{it} = f(K, L, FDI) = AK_{it}^{\alpha} L_{it}^{\beta} FDI_{it}^{\gamma} \tag{9.1}$$

其中，y 表示产出，A、K 和 L 分别表示技术水平、国内资本和劳动力投入，FDI 表示外商直接投资。α、β、γ 分别表示国内资本、劳动力投入和外商直接投资的弹性系数，i 为省份，t 为年份。

将上式两边取对数并变形：

$$\ln L_{it} = \frac{1}{\beta} \ln y_{it} - \frac{\gamma}{\beta} \ln FDI_{it} - \frac{\alpha}{\beta} \ln K_{it} - \frac{1}{\beta} \ln A \tag{9.2}$$

整理后得到：

$$\ln L_{it} = \beta_1 \ln FDI_{it} + \beta_2 \ln y_{it} + \beta_3 \ln K_{it} + \beta_4 \ln A + \varepsilon_{it} \tag{9.3}$$

经验研究表明，产业结构与产出之间存在明显的相关性，可以用第二、第三产业占 GDP 比重衡量的产业结构来代替产出。第二、第三产业中就业人口主要集中在城镇，通常采用人口城镇化率代替劳动力数量，我们用新型城镇化水平来衡量城镇化进程。同时，以固定资产投资代表国内投资 K，以人力资本水平衡量技术水平 A，ε_{it} 为随机误差项。基于上文的影响机制分析和研究假设，我们将 FDI 的平方项以及其他控制变量纳入模型，整理得到如下基准模型：

$$Urban_{it} = \beta_0 + \beta_1 Log FDI_{it} + \beta_2 Log FDI2_{it} + \beta_3 Inv_{i,t-1} + \beta_4 Fin_{i,t-1} + \beta_5 Str_{i,t-1}$$
$$+ \beta_6 Mar_{i,t-1} + \beta_7 Ind_{i,t-1} + \beta_8 Log HR_{i,t-1} + \mu_i + \lambda_i + \varepsilon_{it} \tag{9.4}$$

其中，被解释变量为新型城镇化指数，核心解释变量为 FDI，本研究采用各省实际使用外资额的对数 $Log FDI$ 和对数的平方项 $Log FDI2$ 来衡量外资进入的强度。为了消除汇率变动和通货膨胀的影响，本研究采用各年汇率和通货膨胀率对数据进行了处理。根据 FDI 对新型城镇化的作用机制，本研究选取的控制变量主要包括固定资产投资（Inv）、金融发展水平(Fin)、产业结构(Str)、市场化程度(Mar)、工业化水平(Ind)和人力资本水平($LogHR$)。固定资产投资以各省份每年人均固定资产投资额来衡量；金融发展水平以各省份年末金融机构存贷款之和占GDP的比率来衡量；产业结构以各省份每年第二产业和第三产业总值占GDP的比率来衡量；市场化程度采用《中国市场化指数》（2011版、2016版）中提供的市场化指数来衡量；工业化水平以各省份每年工业增加值占GDP的比率来衡量；人力资本水平以普通高等学校每10万人口平均在校生数的对数来衡量。

本研究选取2001—2016年中国30个省份为样本。样本数据来自国家统计局网站、《中国统计年鉴》、《中国能源统计年鉴》、《中国环境统计年鉴》、《新中国60年统计资料汇编》和《中国市场化指数》（2011版、2016版），少数省份个别年份缺失的数据采用插值法补齐。由于2015年和2016年的中国市场化指数尚未公布，本研究采用的基础统计数据均来自2014年，调查数据来自2015年和2016年。考虑到各变量对城镇化进程的影响存在时滞，本研究对所有控制变量均取一阶滞后。表9-1给出了各变量的统计性描述。

表9-1　　　　　　　　各变量的统计性描述

变量	意义	观测数	均值	中位数	最大值	最小值	标准差
$Urban$	新型城镇化指数	480	0.6956	0.5664	2.6697	0.0652	0.3827
$LogFDI$	FDI水平	480	12.1023	12.4594	15.0897	7.3132	1.7824
Inv	固定资产投资水平	480	3.0018	2.1240	11.6985	0.3938	2.4396
Fin	金融发展水平	480	2.5650	2.4146	7.5746	1.2793	0.9046
Str	产业结构	480	0.8615	0.8699	1.0231	0.6032	0.0728
Mar	市场化程度	480	5.1431	5.0162	9.9500	1.6979	1.8033
Ind	工业化水平	480	0.3931	0.4106	0.5304	0.1312	0.0796
$LogHR$	人力资本水平	480	7.4397	7.5868	8.8388	5.6264	0.6120

9.2.2 特征事实

(1) 整体 FDI 与新型城镇化之间存在正向关系

图 9-1 显示,中国各省份 FDI 与新型城镇化发展存在 U 形关系,且多数省份的 FDI 处于 U 形曲线的右侧。这表明,对于我国多数省份来说,"引进来"仍不失为一种促进新型城镇化发展的有效措施。然而,由于各省份吸收外资的规模差异较大,FDI 与新型城镇化的关系在各省份的表现可能有所不同。

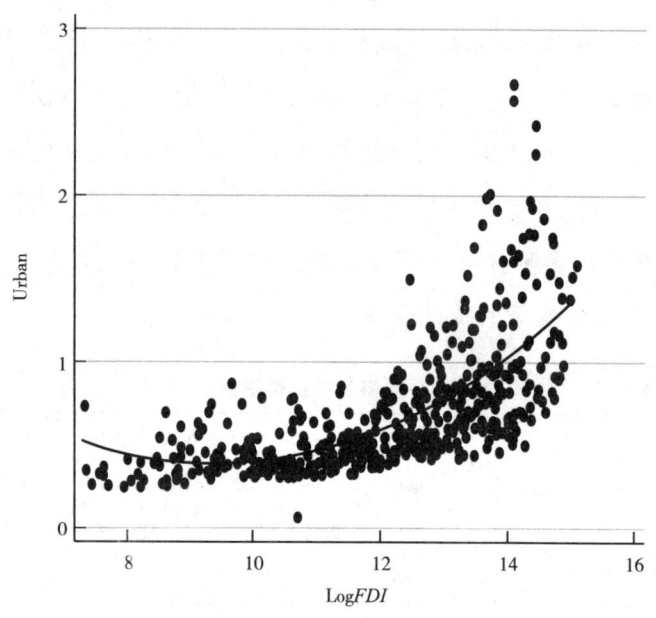

图 9-1 整体 FDI 与新型城镇化

(2) 不同省份 FDI 与新型城镇化之间的关系

如果以新型城镇化水平的高低作为判断一省发达与否的标准,北京和浙江是中国新型城镇化发展中发达省份的代表,甘肃和贵州则是欠发达省份的代表。图9-2表明，不同省份的新型城镇化水平对FDI的反应程度和方向存在明显差异。具体而言，以北京和浙江为代表的发达地区，FDI对新型城镇化呈现U形关系；而以甘肃和贵州为代表的欠发达地区，FDI对新型城镇化具有正向的挤入效应。这一特征事实说明，在分析FDI与新型城镇化之间的U形效应之后，只有进一步探究这种U形特征的形成机制，才能更好地理解不同省份FDI对新型城镇化影响的差异性。

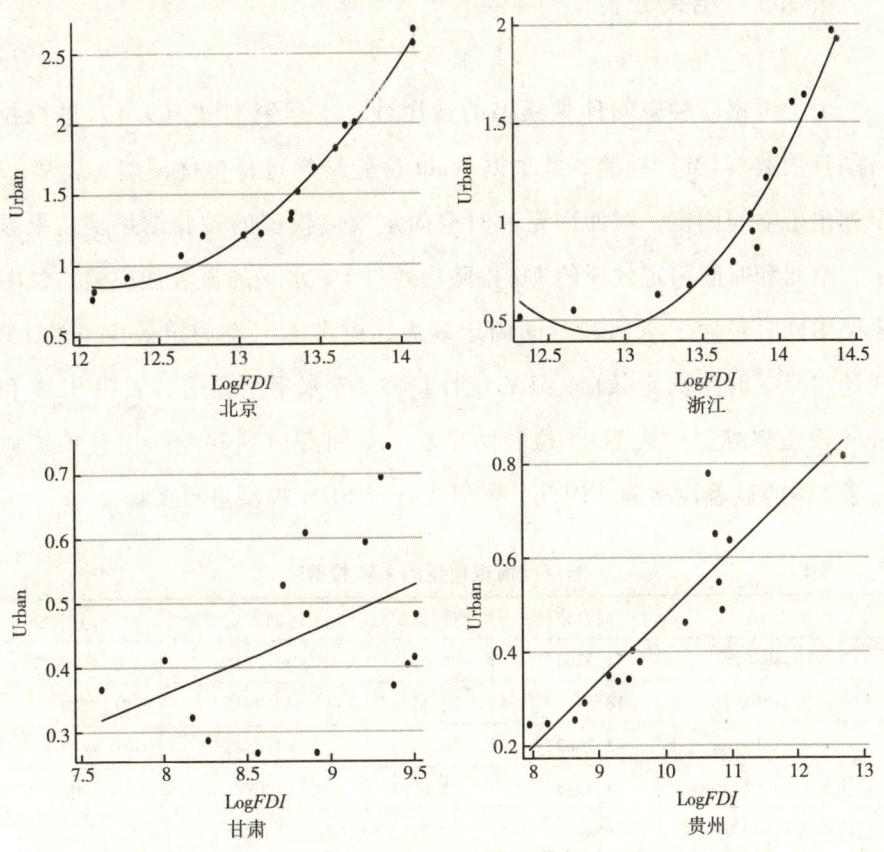

图9-2　不同省份FDI与新型城镇化

9.3 实证结果分析

9.3.1 结果分析

为了考察三种空间计量模型的适用性,本研究对式(9.4)进行拉格朗日乘数(LM)检验,并根据 Wald 检验结果选择最优模型。表 9-2 中列出了空间固定、时间固定和时空固定效应模型的检验结果。结果显示,空间和时间固定效应的 LR 检验均通过 1% 水平的显著性检验,说明模型中同时包含了空间和时间固定效应,应考虑时空固定效应下的 LM 统计结果。时空固定效应的 LM 统计量在 1% 水平上显著,表明 SLM 和 SEM 模型都成立。从 Wald 检验结果看,空间滞后项和空间误差项均通过了 1% 的显著性检验。因此,本研究选择 SDM 模型进行实证。

表 9-2　　　　　　非空间面板模型的 LM 检验

	混合估计	空间固定效应	时间固定效应	时空固定效应
LM spatial lag	51.3762 ***	90.0365 ***	26.7818 ***	32.4949 ***
R_LM spatial lag	18.1421 ***	22.4578 ***	13.9952 ***	26.5729 ***
LM spatial error	42.7689 ***	70.2339 ***	13.8847 ***	10.4992 ***
R_LM spatial error	9.5483 ***	2.6552 *	1.0981	4.5702 **
空间固定效应 LR 检验	300.8483 ***			
时间固定效应 LR 检验	119.5436 ***			

注: *、** 和 *** 分别表示统计量在 10%、5% 和 1% 的显著性水平上显著,以下各表同。

根据式(9.1)构建空间杜宾模型如下:

$$Urban_{it} = \beta_0 + \rho \sum_{j=1}^{n} w_{ij} Urban_{jt} + \beta_1 LogFDI_{it} + \beta_2 LogFDI2_{it} + \beta_3 Inv_{i,t-1}$$
$$+ \beta_4 Fin_{i,t-1} + \beta_5 Str_{i,t-1} + \beta_6 Mar_{i,t-1} + \beta_7 Ind_{i,t-1} + \beta_8 LogHR_{i,t-1}$$
$$+ \theta_1 \sum_{j=1}^{n} w_{ij} LogFDI_{jt} + \theta_2 \sum_{j=1}^{n} w_{ij} LogFDI2_{jt} + \theta_3 \sum_{j=1}^{n} w_{ij} Inv_{j,t-1}$$
$$+ \theta_4 \sum_{j=1}^{n} w_{ij} Fin_{j,t-1} + \theta_5 \sum_{j=1}^{n} w_{ij} Str_{j,t-1} + \theta_6 \sum_{j=1}^{n} w_{ij} Mar_{j,t-1}$$
$$+ \theta_7 \sum_{j=1}^{n} w_{ij} Ind_{j,t-1} + \theta_8 \sum_{j=1}^{n} w_{ij} LogHR_{i,t-1} + \mu_i + \lambda_i + \varepsilon_{it}$$

(9.5)

其中，$Urban$ 表示新型城镇化水平，$LogFDI$ 和 $LogFDI2$ 分别表示 FDI 的对数以及对数的平方，以考察 FDI 对新型城镇化的非线性效应；w 表示空间权重矩阵，Inv、Fin、Str、Mar、Ind 和 $LogHR$ 分别表示固定资产投资、金融发展、产业结构、市场化程度、工业化水平和人力资本水平，i 与 j 分别表示不同省份，t 表示年份，μ_i 和 λ_i 分别表示空间和时间效应，ε_{it} 为随机误差项。

表 9-3 中第（1）列给出了式（9.5）的估计结果。结果显示，空间滞后项的相关系数 ρ 显著为正，且均通过 1% 水平的显著性检验。这说明各省份新型城镇化在空间上存在显著正相关性，某一省份的新型城镇化发展在一定程度上受到空间特征相似的省份的影响。地理位置相邻或者越接近，越利于相邻省份之间的空间溢出效应，这将促进相邻省份间的资源共享、产业集聚以及知识扩散，进而形成城镇化的空间集聚分布。$LogFDI2$ 的系数显著为正，表明 FDI 对新型城镇化的影响呈 U 形非线性关系。控制变量对各省份内新型城镇化的影响在统计上均显著。具体而言，金融发展、产业结构和市场化进程对省内新型城镇化发展起到了促进作用，产业结构的影响程度最大；固定资产投资、工业化水平和人力资本水平在一定程度上阻碍了新型城镇化的发展。

表9-3　　　　　　　　　空间杜宾模型的回归结果

	FDI 流量		FDI 存量	
	(1) 空间邻接权重矩阵	(2) 地理距离权重矩阵	(3) 空间邻接权重矩阵	(4) 地理距离权重矩阵
	时空固定效应	时空固定效应	随机效应	时空固定效应
$LogFDI$	-0.0989***	-0.0739**	-0.2769***	-0.2254***
$LogFDI2$	0.0040**	0.0025*	0.0325***	0.0273***
Inv	-0.0153***	-0.0157***	0.0038	-0.0026
Fin	0.0907***	0.1146***	0.1020***	0.0974***
Str	0.4950***	0.5127***	0.4718***	0.4646***
Mar	0.1070***	0.0857***	0.0652***	0.0552***
Ind	-0.2745**	-0.2247**	-0.3154***	-0.2089**
$LogHR$	-0.2063***	-0.1791***	-0.1903***	-0.2294***
$W*LogFDI$	-0.1261	-0.1879*	0.1635***	0.1322*
$W*LogFDI2$	0.0061	0.0105**	-0.0152*	-0.0168**
$W*Inv$	-0.0343***	-0.0516***	-0.0380***	-0.0543***
$W*Fin$	0.0224	0.0291	0.0010	0.0529
$W*Str$	-0.2332	0.0530	-0.4245**	-0.1456
$W*Mar$	-0.0046	0.0364	-0.0042	0.0207
$W*Ind$	-0.0067	0.3571	0.2133	0.3951
$W*LogHR$	-0.2968***	-0.1504*	-0.1908**	-0.1093
$W*dep.var.$	0.1210**	0.3290***	0.2000***	0.3290***
R^2	0.9681	0.9717	0.9569	0.9762
$LogL$	606.0995	629.4078	579.0465	671.2481
Hausman test	39.6801***	47.1367***	19.4556	33.4427***

由于 ρ 显著不为 0，为了准确反映解释变量对被解释变量的影响程度，我们对空间效应进行分解，得到直接效应（省份内）、间接效应（省份间）和总效应（见表9-4）。表9-4 中给出了空间邻接权重矩阵和地理距离权重矩阵两种情形的结果。从直接效应看，省份内 FDI 对新型城镇化的影响存在显著的 U 形非线性关系。从间接效应看，地理距离权重矩阵的结果表明，省份间 FDI 对新型城镇化存在空间溢出效应，且

呈现显著的 U 形特征。空间邻接权重矩阵结果的显著性虽然不高，但其 P 值基本在 10% 左右，其显著性下文中将进行进一步探讨。从总效应看，整体 FDI 对我国新型城镇化也存在显著的 U 形效应。因此，假设 1 得到证实。

表 9 – 4　　空间杜宾模型的效应分解

	空间邻接权重矩阵	地理距离权重矩阵
	时空固定效应	时空固定效应
直接效应		
Log*FDI*	-0.1029 **	-0.0873 **
Log*FDI*2	0.0042 **	0.0032 *
Inv	-0.0161 ***	-0.0191 ***
Fin	0.0929 ***	0.1201 ***
Str	0.4912 ***	0.5277 ***
Mar	0.1074 ***	0.0898 ***
Ind	-0.2723 **	-0.2028 *
Log*HR*	-0.2158 ***	-0.1928 ***
间接效应		
Log*FDI*	-0.1494 *	-0.2975 *
Log*FDI*2	0.0072	0.0160 **
总效应		
Log*FDI*	-0.2523 **	-0.3847 **
Log*FDI*2	0.0114 **	0.0192 **

同时，各控制变量对新型城镇化的直接效应在统计上均显著，金融发展、产业结构和市场化进程有助于区域内的城镇化发展，而固定资产投资、工业化水平和人力资本水平对城镇化存在一定的抑制作用。从间接效应看，控制变量的空间溢出效应较弱，只有固定资产投资和人力资本水平通过了 1% 水平上的显著性检验，且影响程度较小。

9.3.2 稳健性检验

首先,由于省份间存在差异性,为了消除个体效应对回归结果稳健性的影响,本研究采用豪斯曼检验判断固定效应与随机效应。表9-3中除第(3)列以外,其他情形均在1%显著性水平上拒绝原假设,选择固定效应更加合适。结合LM检验结果,第(1)、(2)和(4)列的情形选择时空固定效应,第(3)列则选择随机效应进行回归。其次,由于不同的空间权重矩阵会影响空间计量结果的稳健性,考虑到新型城镇化的发展可能会集中在省会或中心城市,本研究采用两个省会城市之间地理距离的倒数为元素建立地理距离权重矩阵,回归结果见表9-3中的第(2)、(4)列。可以看到,基于地理距离权重矩阵的回归结果与空间邻接权重矩阵的情形基本一致。最后,关于FDI溢出效应的长期性与短期性,学术界尚未形成一致的观点(Barbosa et al., 2009)。本研究采用外资企业投资总额存量的对数及其平方项衡量FDI,以考察FDI对新型城镇化发展的长期作用,结果见表9-3中的第(3)、(4)列。同样的,FDI存量与FDI流量的回归结果基本一致。以上检验说明回归结果是稳健的。

9.4 U形非线性效应的形成机制分析

上述分析说明,中国各省份FDI对新型城镇化的影响在整体上存在U形非线性效应。那么,不同省份FDI的影响是否均存在U形非线性特征?其影响因素及其形成机制是怎样的?为了回答上述问题,可以通过区域分组进行回归。但是，本研究参与分组回归的样本数量较少，实证结果容易产生偏误。更为重要的是，无论按照东、中、西部三大区域，还是按照五大区域进行分组，效果都不理想。如果按照三大区域进行分组，东部地区新型城镇化的平均水平远高于其他地区，但东部地区中并非所有省份的新型城镇化都发展较好。例如，划入东部地区的广西，样本期间新型城镇化水平的均值排名第26位。同样的，西部地区新型城镇化总体发展水平最低，但划入西部地区的重庆，其新型城镇化水平的均值进入全国前十。鉴于此，本研究采用分位数回归以分析各省份FDI对新型城镇化的非线性效应的差异性。

9.4.1 分位数回归

通过设置10%、25%、50%、75%和90%这5个分位点进行回归，得到分位数回归结果（见表9-5）。结果显示，随着分位数值的增加，LogFDI和LogFDI2的系数的绝对值逐渐增大，系数的显著性也呈增大的趋势。这表明FDI对处于条件分布低端的省份的新型城镇化的影响小于其对高端省份的影响。

表9-5　　　　　　　　　　分位数回归结果

	$q10$	$q25$	$q50$	$q75$	$q90$
LogFDI	-0.1111	-0.1356**	-0.1694***	-0.2041***	-0.2348**
LogFDI2	0.0047	0.0057*	0.0070***	0.0083***	0.0095**
Inv	0.0158**	0.0141**	0.0116***	0.0091	0.0069
Fin	0.1171***	0.1402***	0.1722***	0.2050***	0.2340***
Str	0.6206***	0.6317***	0.6472***	0.6630***	0.6770***
Mar	0.1543***	0.1611***	0.1705***	0.1802***	0.1888***
Ind	-0.2085	-0.3017	-0.4306***	-0.5629***	-0.6797***
LogHR	-0.0679	-0.0697***	-0.0721***	-0.0747***	-0.0769*

具体而言，对于新型城镇化水平较低的省份（$q=0.10$），FDI 对新型城镇化不存在 U 形非线性效应；对于水平较高的省份（$q=0.75$；$q=0.90$），FDI 的影响表现为显著的 U 形非线性效应。对处于不同分位数范围的具体省份进行分析时发现，北京和浙江位于高分位数值，甘肃和贵州则处于低分位数值，这正好解释了特征事实中不同省份 FDI 与新型城镇化的关系的差异性（见图 9-2）。表 9-5 中还可以看出，随着分位数值的增加，固定资产投资的影响程度逐渐下降，最后变得不显著，说明固定资产投资有助于推动欠发达省份的新型城镇化发展，但发达省份的发展已经不依赖于资本累积效应；金融发展水平的影响程度逐渐提升，说明较高的金融发展水平更有利于促进发达省份新型城镇化进程；产业结构对所有省份新型城镇化的影响较为均衡，在统计上均非常显著，且影响程度最高，这说明在我国工业化进程中，产业结构调整是推动新型城镇化的重要因素。以上结论均符合中国新型城镇化区域发展不平衡的现状。

9.4.2 调节效应

基于后发优势理论与垄断优势理论，本研究认为 FDI 对新型城镇化的 U 形非线性效应受到技术水平和外资进入程度等因素的影响，从而对不同省份表现为不同的效应特征。这里参照 Long 等（2015）的做法：首先，分别选取每万人专利授权数（$Patent$）和外资固定资产投资在全省固定资产投资总额中的占比（$FInv$）衡量各省份的技术水平和外资进入程度。如果实际值大于均值，那么虚拟变量 $PatentDummy$ 和 $FInvDummy$ 取 1，反之则取 0。从分组情况看，两个组别包含的省份稍有差别，但取值为 1 的主要是北京、上海、浙江等发达省份，取值为 0 的则主要是甘肃、贵州、宁夏等欠发达省份。接着，本研究将 FDI 及其平方项与这两个虚拟变量的交互项代替原来的 FDI 及其平方项。最后，采用空间邻接权重矩阵和地理距离权重矩阵分别对技术水平和外资进入程度进行回归，结果见表 9-6。

表 9-6　FDI 与新型城镇化的 U 形非线性特征（调节效应）

	技术水平		外资进入程度	
	（1）空间邻接权重矩阵	（2）地理距离权重矩阵	（3）空间邻接权重矩阵	（4）地理距离权重矩阵
$W*dep.var.$	0.1310**	0.3130***	0.1290**	0.2920***
直接效应				
$LogFDI*Var$	-0.1085***	-0.0812***	-0.0358***	-0.0421***
$LogFDI2*Var$	0.0084***	0.0064***	0.0031***	0.0036***
间接效应				
$LogFDI*Var$	-0.0127	-0.0526	-0.0231	-0.0850***
$LogFDI2*Var$	0.0014	0.0044	0.0015	0.0072***
总效应				
$LogFDI*Var$	-0.1211**	-0.1338**	-0.0589**	-0.1271***
$LogFDI2*Var$	0.0098***	0.0108**	0.0046**	0.0107***

注：第（1）、（2）列中，Var 表示虚拟变量 $PatentDummy$；第（3）、（4）列中，Var 表示虚拟变量 $FInvDummy$。限于篇幅，其他控制变量的回归出，如有兴趣，可向作者索取。下表同。

从表 9-6 中第（1）、（2）列可以看到，当技术水平较低时，内企与外企的技术差距较大，FDI 技术溢出效应不显著，后发优势难以得到发挥，FDI 主要表现为资本累积效应。一旦技术水平提高到一定程度，内企的技术吸收能力随之提升，技术溢出效应开始显现，有助于内企生产率的提升和自主创新的加强，带动地区产业升级与集聚，从而推动新型城镇化发展。因此，在技术水平较高的省份，FDI 对新型城镇化的影响呈 U 形非线性特征，而在技术水平较低的省份，FDI 与新型城镇化之间不存在这种 U 形关系，假设 2a 得到证实。表 9-6 中第（3）、（4）列表明，外资进入程度较低时，外企的垄断优势较为明显，FDI 对内企的挤出效应大于挤入效应。随着外资进入程度的不断提高,竞争效应带动内企技术和生产率的提升,市场化进程加速,地区产业结构不断优化,进而促进当地新型城镇化发展。因此,在外资进入程度较高的省份,FDI对新型城镇化的影响呈U形非线性效应,而在外资进入程度较低的省份,FDI与新型城镇化之间不存在这种U形关系,假设2b得到证实。

9.4.3 中介效应

以上分析仅说明了FDI对各省份新型城镇化的U形非线性效应存在差异,但并没有解释这种U形关系的形成机制。本研究从两缺口理论和劳动力就业效应出发,论证FDI分别通过研发投入（R&D）和劳动力就业（Labor）两个渠道影响我国新型城镇化水平。

这里借鉴巴伦等（Baron et al., 1986）的三步因果法进行回归,结果见表9-7。在中介效应的检验中,系数的变化是本研究关注的重点。前面的分析表明,在没有加入中介变量时,FDI对新型城镇化的影响是显著的。表9-7中第（1）列和第（3）列说明,不考虑FDI变量时,研发投入和劳动力就业这两个中介变量对新型城镇化的影响均呈现显著的U形非线性效应；第（2）列和第（4）列则说明,当加入FDI变量时,两个中介变量与新型城镇化之间仍然表现为U形关系,而FDI的系数则变得不显著了。由此可知,研发投入和劳动力就业具有完全的中介效应,即FDI通过研发投入与劳动力就业影响新型城镇化水平,假设2c和假设2d得到验证。这里以劳动力就业为例来具体说明这种中介效应。FDI通过就业效应带动东道国人口城镇化的发展,但竞争的加剧和工资的提升对内企产生挤出效应。随着FDI数量的增加,劳动力就业效应有利于要素市场的完善、企业技术的提高以及所有制结构的改善,进而促进新型城镇化发展。研发投入的中介效应与之类似,限于篇幅，不再赘述。

表 9-7　　FDI 对新型城镇化的 U 形非线性特征的形成机制（中介效应）

	研发投入		劳动力就业	
	(1)	(2)	(3)	(4)
$W * dep.\ var.$	0.2826***	0.3280***	0.3318***	0.3316***
直接效应				
$LogFDI$		-0.0032		-0.0105
Var	-0.2891***	-0.3632***	-0.3139***	-0.3049***
$Var2$	0.0140***	0.0152***	0.0274***	0.0270***
间接效应				
$LogFDI$		-0.0015		-0.0049
Var	-0.1067***	-0.1630***	-0.1445***	-0.1422**
$Var2$	0.0052***	0.0068***	0.0126***	0.0126***
总效应				
$LogFDI$		-0.0047		-0.0154
Var	-0.3957***	-0.5262***	-0.4584***	-0.4471***
$Var2$	0.0192***	0.0220***	0.0400***	0.0396***

注：第（1）、（2）列中，Var 和 Var2 分别表示 R&D 及其平方项；第（3）、（4）列中，Var 和 Var2 分别表示 Labor 及其平方项。限于篇幅，其他控制变量的回归结果未在表中列出，如有兴趣，可向作者索取。

此外，研发投入和劳动力就业的中介效应还存在于 FDI 对新型城镇化的间接效应和总效应中，这意味着，各省份 FDI 对邻近省份新型城镇化的空间溢出效应也通过这两个渠道发生作用，表现出显著的 U 形非线性特征。为了进一步说明结果的稳健性，本研究采用 FDI 存量进行了回归，结果基本一致[①]。

---

① 限于篇幅，回归结果未在文中列出，如有兴趣，可向作者索取。

9.5 本章小结

本章采用2001—2016年中国30个省份的面板数据，以空间计量模型为分析框架，构建了一个包含FDI空间溢出效应的空间杜宾模型，并揭示了FDI对新型城镇化的U形非线性效应及其形成机制。研究发现，无论从长期还是短期来看，FDI总体上对我国新型城镇化发展的影响呈现U形非线性效应。但是，特征事实和分位数回归结果表明，甘肃、贵州等欠发达省份中，FDI对新型城镇化未表现出U形效应，而对于北京、浙江等发达省份，FDI的影响则存在显著的U形非线性特征。通过分析这种U形非线性效应的形成机制发现，技术水平和外资进入程度对U形效应起到调节作用，而FDI则通过研发投入与劳动力就业对新型城镇化产生影响。

第10章 新型城镇化区域均衡发展的政策建议

10.1 新型城镇化的多维度发展

新型城镇化是一个系统的动态过程,它涉及社会、经济、生态、人口等多维度的发展。正是由于我们将衡量生态环境、居民福利和社会服务等诸多指标纳入综合评价体系中以反映新型城镇化的内涵,因此,相比其他不少文献,我们测算的中国城镇化质量综合指数总体偏低。而且在考察城镇化结果的同时,我们还测度城镇化效率以反映城镇化的过程。这些指标水平较低,拉低了城镇化质量的综合得分。以城镇化质量最高的北京为例,2016年人均GDP较之2000年增长了5.26倍,但城镇化质量的提升并不显著。这从一个侧面也反映出我国城镇化进程仍然存在过于注重粗放式外延发展的问题,城镇化内涵建设还有很大的提升空间。

从表10-1可以看到,进入21世纪以来,我国城镇化质量总体上稳步提升,但城镇化质量指数在各省(区、市)间存在着较大差异,上海和北京最高,城镇化质量指数平均值接近72,宁夏的城镇化质量最低,综合指数均值为35.38。从城镇发展质量、城镇化效率和城镇化协调程度三个维度的综合指数看,总体而言,城镇化效率指数表现最好,城镇化协调程度次之,两个指数均超过城镇化质量综合指数的平均水平;城镇发展质量指数表现较差,低于综合指数的平均水平。不过,各省(区、市)表现不尽相同,各维度上发展水平很不均衡。比如北京,城镇发展质量指数和城镇化效率指数很高,城镇化协调程度处于全国中游水平;江西的城镇化效率和协调程度均处于全国前列,但城镇发展质量较低,因而拖累了城镇化质量的总体水平;而江苏和天津在城镇化质量的三个维度上均表现良好,发展水平较为均衡[①]。

表 10−1 2000—2016 年中国部分省(市)城镇化质量分项指数的均值

省域	城镇化质量综合指数	城镇化质量指数	城镇化效率指数	城镇化协调指数
北京	71.97	75.11	77.14	53.00
天津	58.03	54.49	70.92	60.11
河北	44.50	34.50	63.87	67.17
山西	43.44	35.12	58.18	62.92
内蒙古	43.83	40.19	52.49	52.79
辽宁	48.80	43.68	64.33	54.62
吉林	46.05	38.59	64.69	58.19
黑龙江	46.46	40.04	64.87	54.50
上海	71.61	70.66	81.91	63.95
江苏	55.17	50.15	67.83	65.66
浙江	59.74	55.12	70.96	69.80
安徽	43.21	33.42	67.31	60.03
福建	50.96	42.31	74.32	63.89
江西	45.43	34.54	69.88	66.64
山东	48.90	40.18	69.47	65.37
河南	43.26	32.51	68.88	63.49
湖北	44.87	36.21	66.94	58.51

① 限于篇幅,各分项指数仅给出均值,各年份数据并未列出,有兴趣可从作者处索取。

续表

省域	城镇化质量综合指数	城镇化质量指数	城镇化效率指数	城镇化协调指数
湖南	44.64	34.31	71.21	60.40
广东	55.89	50.83	76.56	55.26
广西	41.22	30.57	66.47	59.63
海南	44.59	35.86	69.84	54.94
重庆	45.33	36.21	70.43	58.49
四川	43.75	33.35	68.70	62.04
贵州	37.27	29.29	59.66	47.30
云南	41.34	32.22	68.12	51.73
陕西	46.06	38.05	70.94	54.05
甘肃	38.13	30.35	53.89	55.19
青海	38.11	34.45	44.45	49.39
宁夏	35.38	34.58	25.49	53.01
新疆	39.51	38.29	33.59	54.52

具体而言，城镇化首先是人口的城镇化，表现为城镇人口数量的增加和比重的提高。城镇人口数量的增加一般来自两方面，城镇人口的自然增长和城乡人口流动。考虑到较低的城镇生育率水平，人口流动是城镇人口数量的增加的主要原因。改革开放以来，大规模的人口从农村流入城镇对我国城镇化进程产生了深远的影响。产业结构转型、城市建设的加快以及户籍制度改革等加速了农村人口向城市的迁移。2000年之后，中国经济的快速增长导致农村人口大量涌入城市，尤其是2005—2006年，城市人口密度由1525人/平方公里激增至2886人/平方公里，之后增长速度才趋缓。因此，2009年之前，人口城镇化水平持续提高。但从2010年开始，增长速度放缓，而且2013年达到顶峰后开始回落。这很大程度上归因于城市规模的过度膨胀引起城市房价过高、资源紧缺、生态环境破坏等。同时，相对滞后的户籍制度改革以及与之相联系的社会福利制度改革，使得大量流动人口和农民工群体难以获得市民化待遇和均等化的社会服务。这将在一定时期内制约我国城镇化进程中的人口

城镇化。

城镇化是工业化和经济增长的结果,同时也推动了经济的发展。因此,经济发展质量是城镇化发展水平的核心内涵。2000年以来,随着加入WTO,我国全面融入国际经济体系,充分发挥比较优势战略,加之金融财政体系的逐步完善,以及经济增长方式向集约化经营的转变,经济效率得到很大的提升。同时,第三产业的迅速发展以及居民收入和消费水平的增长,大大提高了生活水平和质量。虽然2008年次贷危机对我国经济产生了不利影响,但政府采取一系列积极应对措施保证了中国经济持续健康的发展。

人口城镇化带来的城市规模的扩张和人口数量的激增,势必导致住房、医疗、教育、交通等公共资源的紧缺和配套问题。一方面,城镇人口的增加引发公共服务产品供不应求;另一方面,大量流动人口的进入使得公共服务分布不均衡和公共服务非均等化问题凸显。城镇化社会发展质量和发展效率虽然呈现增长态势,但不像中国经济增长一路高歌猛进,而是表现得一波三折。公共产品理论认为,公共产品的外部性导致市场失灵,政府应取代市场成为公共产品的供给者。布饮南和康格尔顿(Buchanan & Congleton,2006)提出,政府在提供公共产品时需采取均等化原则。新型农村合作医疗制度和国际基本药物制度的建立、医疗卫生服务体系的完善、全民医疗保障制度的健全、社会保障设施的完备等均能体现出政府、市场与社会公众多主体的协同互动机制对社会公共服务体系提升和完善。但我国城镇化发展的速度与公共服务产品供给能力的提升并不同步,后者在相当程度上滞后于前者(李燕,2013)。因此,同步协调和城乡统筹的进程在某些区域和某些时期表现较为缓慢。

如董晓峰等(2017)所言,新型城镇化的本质应以生态平衡为总前提。西方发达国家在城镇化的早期,均以牺牲环境为代价大力发展经济,这也导致城市的生态环境问题成为城镇化和工业化的必然结果。随着城镇化水平的不断提高，内涵式发展、低碳宜居、生态平衡等已经成为全球城镇化发展的共识。中国城镇化早已过了改革开放初期粗放式发展阶段，绿色经济、生态城市、低碳化建设已经成为中国新型城镇化的重要内容。从生态发展质量和生态环境效率的数据看，2000年以来，尤其是2008—2010年，我国生态发展水平显著提高。这与政府提出的由外延扩张式发展模式向内涵式发展转换，注重绿色低碳、平衡协调、可持续发展的中国特色新型城镇化发展战略有着直接关系。从具体指标数据上看，工业废气排放量虽然仍有较大幅度的增加，但工业污水排放量没有出现较大增幅。同时，2000—2016年环境污染治理投资总额增加了近10倍。不过，2010年之后环境污染治理投资的力度并未加大，废气排放没有得到很好的控制，因此，生态城镇化发展水平的综合表现不佳。值得注意的是，人均绿地面积和建成区绿化覆盖率在这17年间并未有明显的提高，这表明城市绿化工程尚未跟上人口城镇化的步伐。

10.2 推动我国新型城镇化多维度均衡发展的政策建议

10.2.1 积极发挥新型城镇化动力因素的作用

我国新型城镇化发展表现出明显的区域异质性，推动新型城镇化多维度均衡发展的动力因素各不相同。根据前面实证分析的结果，我国新型城镇化发展是四大动力因素综合作用的结果，各地区各省份应结合自身发展状况、区位特征的不同，利用本地优势，充分发挥新型城镇化的各动力因素。

第一，努力提升实体经济发展能力，发挥内生动力的作用。自身经济实力的提升是我国新型城镇化发展的主要推动力。经济增长与城镇化进程密切相关，两者之间相互依托、相互促进、相互制约。经济增长的本质是实体经济发展能力的不断提升，是各省份推动城镇化和改善民生的根本所在。中国城镇化发展是产业和生产要素向城镇集聚的动态过程，集聚是重塑经济地理的重要驱动力。从我国三大区域看，"东强西弱"的空间格局已然形成，"中心—外围"特征明显。在经济发展进入"新常态"的当下，区域城镇化发展主要有赖于提高要素在空间上的配置效率。因此，各省份应充分发挥本地区资源禀赋的优势，通过扩展资源流通渠道，推动技术、人才和资金等要素向中心城市的外围流动，在中小城市和县乡级城镇形成更大范围的资源集聚格局。通过加大技术研发的力度，提高自主创新能力，打造自有品牌，培育和发展优势产业，不断推动产业布局的优化和产业结构的升级，进而形成并增强地区竞争力。同时，发挥中心城市对周边城市的辐射作用，优化中心城市与外围城市的产业分工，由以"点"为核心的传统集聚模式转向以"面"为核心的新型集聚模式，从而推动大、中、小城市和小城镇的协同发展。

在经济稳步增长的同时，关注生态发展与环境效率，积极完善城镇化的循环低碳发展模式。在城镇化建设、布局与规划过程中，坚持循环经济理念，以节约能源、使用清洁能源、保护土地和环境为依托，建设生态工业园区，打造宜居、生态、示范的田园城镇，形成生态文明、产业支持、交通连接的村镇发展空间格局。同时，通过医疗与社保的信息化、智能交通、数字金融、电子政务、城市安防等领域的发展，推进智慧城市的建设，并加强城市文化发展与创新、推动文化融合以提升城市内涵，形成城市发展的良性循环。

第二，积极发挥市场机制在资源配置中的决定性作用。通过经济要素自由流动，市场机制有助于实现资源配置的高效性。市场机制引导人才、资金等要素集聚，形成区域产业集群和城市群。"十三五"规划纲要提出以城市群为主体形态，通过城市群促进要素集聚、中心辐射与城乡统筹，在城市规划、建设与治理方面推动新型城镇化发展。市场机制对东部地区新型城镇化发展的作用最为明显，各级政府应以市场机制为驱动，不断优化东部区域城市群的城镇体系，加强城市间分工协同，进一步推动和引导长江三角洲、京津冀和粤港澳大湾区等世界级城市群体系的完善，形成具有中国特色的城市群模式。

中西部地区应根据自身优势，依靠市场机制的决定性作用，促进资源要素在区域内形成规模效应，以降低成本、鼓励创新、提高效率来提升区域竞争力，摆脱路径依赖和锁定效应的负面影响，带动中原城市群、武汉城市群、长株潭城市群以及成渝地区城市规模的发展。通过这些城市群的示范作用，推动中西部地区人口和产业的集约化发展，积极承接"产业西进"和"人口东移"战略，探索具有本地特色的城市群发展模式和治理机制。不断加快中西部区域市场化进程，积极消除区域间地方保护主义和经济障碍，促进区域间经济、文化、科技合作，以项目、产能、技术等层面的对接与互通来优化产业结构和加快经济转型升级。同时，进一步完善金融市场，提高融资规模和融资效率，成立城镇化发展的政策性银行，为新型城镇化建设中产业转移、基础设施建设、农业现代化提供专门的金融支持，加大城镇化建设中小微企业的贷款力度。通过增设中小金融机构，引导民间资本流入，提供更加灵活的金融工具和手段，不断完善金融结构，促进城镇化进程中的农业产业化和乡镇企业发展。

第三，进一步完善城镇化发展的制度条件，发挥政府区域政策与发展战略的作用。市场机制往往促进生产活动在空间上集聚，发达经济体通常采取各种区域政策缩小各地区城镇化发展的差距。区域政策是我国政府，尤其是中央政府，对区域经济进行干预的重要工具，而空间性是其本质属性。区域政策的空间属性分为中性与非中性两类。空间中性政策假设空间不存在异质性，在保证公平发展机会的条件下，通过要素自由流动和提高市场化程度推动城镇化发展，最终实现区域趋同增长。如前所述，我国新型城镇化发展存在显著的空间异质性，区域空间存在无效率和市场失灵，只有针对不同地区的区位、文化、制度条件等实施干预政策，才能推动区域城镇化均衡发展。同时，空间中性政策主要依托市场机制对空间经济活动的调节作用，而我国行政区划与经济区划的不一致导致地方保护主义与行政割据、户籍制度与土地制度不完善等问题，各地发展规划、产业结构和市场竞争秩序缺乏统一协调，城乡二元结构依旧存在。而空间干预政策容易对空间差异性认识不够，造成空间尺度过大政策"普惠性"，或空间尺度过小政策"碎片化"，削弱政策的有效性。因此，兼顾空间中性与空间干预的政策是发挥政府动力的更优选择。

具体而言，以长江经济带和京津冀战略以及"一带一路"倡议为引导，在更大范围内提高资源配置效率，推动新型城镇化区域协调发展，实现要素自由有序流动、基本公共服务均等与资源环境可承载的发展新格局。在"中心—外围"格局背景下，通过提高个体与地区的市场接近程度，发挥要素空间配置对区域新型城镇化发展的作用。以尊重意愿、因地制宜为原则，进一步深化户籍制度改革，统筹推进基本公共服务均等化，完善社会保障体系、进城农民子女教育、农民工社保与住房、最低生活保障等服务举措；以建立城镇用地规模结构调控机制、完善各类建设用地标准体系、确立合理土地征用补偿机制，推动城镇土地制度改革；健全中小学生学籍信息管理制度，完善中西部地区医疗与养老保险制度，健全商品房配建保障性住房政策，以廉租房、公租房和租赁补贴等形式改善农民工居住条件，推动公共服务与住房政策改革。

第四，积极参与全球经济合作与分工，发挥外向动力的重要作用。

一方面，通过国际贸易发挥资源禀赋的优势，增进地区间互联互通与资源要素的流动，带动产业集聚与转移，同步推进产业集群和区域经济带的发展，促进产业园与本地产业的有效连接，从而拉动地区就业和新型城镇化产业发展。另一方面，积极吸引外资，通过基础设施建设打通城镇沿线国家及地区间的经济通道。对于区位条件和基础设施相对落后的西部地区，通过新型城镇化建设促成多节点中心城镇的空间布局，进一步形成新型城镇化在更大空间和更深层次的开放格局。同时，通过与外部经济体的交流和合作，促进区域、产业、企业之间的信息共享，增强城镇化发展的联动性，吸引并引导更多外资重点投向重点部门与地区，实现城乡一体化发展。

10.2.2 制定合理的引资政策，推动新型城镇化均衡发展

首先，中国当前外资的总体水平处于 U 形曲线的右侧，FDI 对新型城镇化的推动作用显著。考虑到不同省份 FDI 对新型城镇化影响的差异性，各地政府应有针对性地制定差异化引资政策。具体来说，对于新型城镇化发展水平较低的省份，FDI 与新型城镇化之间表现为显著的正相关，门槛效应不明显。这表明，对于甘肃、贵州等欠发达省份，FDI 能够有效发挥资本累积效应，对新型城镇化发展具有积极的推动作用。各级政府应保持开放态度，进一步加大引资力度，减少外资进入的限制，降低外资进入的成本，简化相关审批程序，提高公共服务质量。对于新型城镇化发展水平较高的省份，FDI 对新型城镇化的影响存在一定的门槛效应，其促进作用取决于外资的"质"而非"量"。因此，北京、浙江等发达省份应该对高质量 FDI 予以政策上的扶持，利用 FDI 技术溢出效应促进当地产业升级和人力资本的形成，真正实现传统的"投资驱动"向"技术驱动""创新驱动"的转换。

其次，鉴于各省份间 FDI 存在空间溢出效应，通过以发达地区带动欠发达地区的城镇化发展作为政策导向，消除地区间行政壁垒和地方保护主义，加强地区间合作与交流，建立区域间资源共享、利益共享机制，是目前我国实现区域协调发展的有效措施。具体来说，一方面，政府应继续深入推进西部大开发、中部崛起、振兴东北老工业基地等一系列区域均衡发展战略，通过吸引外资在各区域内积极发挥 FDI 的集聚效应和技术溢出效应；另一方面，以发达省份为领头羊，通过合资、并购等方式引导 FDI 流入欠发达省份，积极培育增长极以形成"中心—外围"格局，发挥 FDI 扩散效应，进而带动周边地区的发展，扭转马太效应的趋势，真正实现中西部地区对东部地区的追赶效应。

最后，考虑到 FDI 对新型城镇化的 U 形非线性效应的形成机制，一方面，各级政府应有效降低乃至取消市场进入壁垒，加大技术投入水平，鼓励自主研发与创新，加强知识产权保护，有效提高内生发展能力以削弱外资的垄断优势。另一方面，制造业就业是实现 FDI 推动新型城镇化发展的重要渠道，在产业结构升级的背景下，以人工智能和网络科技为主体的新型科技使得就业需求结构发生很大的变化，制造业的就业吸纳能力大大降低。鉴于此，各级政府应进一步加大教育投入，在不断加强高等教育的同时积极发展职业技术教育，开展职业培训与再培训，提高城乡劳动力的就业质量，充分发挥外资的就业效应，从而推动我国新型城镇化健康均衡的发展。

第 11 章　结论与展望

11.1 主要研究结论

本书力图从 FDI 空间集聚与区域新型城镇化空间差异的相似性的角度出发，探讨 FDI 空间溢出效应对我国新型城镇化的影响机制，揭示我国新型城镇化发展存在区域差异的成因，以期为"新常态"背景下我国新型城镇化均衡发展提供理论依据，为我国各级政府制定有针对性的城镇化发展战略和引资策略提供政策建议。本书涉及的主要研究内容包括：新型城镇化综合评价体系的构建；新型城镇化的空间特征和变化趋势；区域新型城镇化的动力机制；FDI 区位选择的空间相关性；FDI 对我国新型城镇化的空间溢出效应；FDI 对新型城镇化的影响与形成机制。

本书围绕上述问题进行分析与探讨，得到如下主要研究结论：

（1）构建新型城镇化综合评价体系

新型城镇化是一个系统工程，其内涵涉及经济发展、社会公平、集约高效、成果共享、环境友好、生态宜居等各个层面，需要一系列指标进行综合评价。本书不仅考虑城镇化发展的静态结果，还考察了城镇化发展的动态过程，将城镇化发展的静态结果与动态过程同时纳入综合评价体系。具体来说，用城镇发展质量和城乡协调程度衡量城镇化的结果，用城镇化效率衡量城镇化的过程。

（2）新型城镇化的空间特征与变化趋势

总体而言，2000—2016年我国新型城镇化质量持续提高，但从城镇发展质量、城镇化效率和城镇化协调程度三个维度看，各省份发展水平并不均衡。而且新型城镇化质量呈现出明显的空间特征，区域发展水平不均衡。东部地区整体水平明显高于其他地区，西北部地区城镇化质量较低。各地区内城镇化质量存在较为明显的差异，东部地区各省份间的城镇化发展水平差距最大，中部和东北部地区的差距不明显。从泰尔指数的贡献率看，各区域间城镇化质量差异对总体格局的影响最大。

（3）新型城镇化的空间动力机制

运用空间计量模型对新型城镇化发展的四大动力因素的实证结果表明，内生动力、外向动力、政府动力和市场动力共同推动了我国新型城镇化质量的提升。从全国来看，政府动力和内生动力是主要的动力因素，外向动力和政府动力对邻近省份和地区产生显著的空间溢出效应，是新型城镇化呈现空间异质性的重要原因。从三大区域看，不同动力因素的影响不尽相同。内生动力和政府动力是东部地区城镇化发展快于其他地区的重要因素，外向经济和市场机制的影响也较为显著，四大动力因素对东部地区的发展形成了一致的合力。中西部地区则不然。中部地区主要依靠政府动力，西部地区更多依靠外向动力，内生发展能力对中部的推动力并不显著，而市场动力对中西部地区均产生了抑制作用。而且空间溢出效应在三大地区均不显著，尤其是东部地区，负的空间溢出效应导致虹吸效应，使得区域内差距不断扩大。

（4）FDI区位选择的空间相关性

通过在引力模型中引入空间变量建立多边分析框架，我们从东道国和母国两个层面考察空间相关性对 FDI 区位选择的影响。结果发现,东道国间存在显著为正的空间相关性,而母国间并不存在这种空间相关性。这表明外资在经济空间上存在"第三方效应"。中国经济快速发展带动了诸如经济规模、贸易自由度和基础设施建设等区位因素的提升,客观上促成了外资的大幅流入。在不断提高外资质量和优化外资结构的过程中,还需考虑周边经济体的影响。同时,通过空间溢出效应的分解我们发现,提高我国自身区位优势是吸引外资的关键。

(5) FDI 对新型城镇化的空间溢出效应

从全国层面看,FDI 不仅有助于推动本地区的城镇化发展,而且还能带动周边地区的发展。金融发展、产业结构优化与市场化程度的提升对我国新型城镇化的快速发展也起到积极的作用。从地区层面看,各因素对新型城镇化发展的作用更为明显。FDI 对城镇化的直接效应和空间溢出效应均显著,且空间溢出效应影响程度更高,FDI 空间溢出效应是我国新型城镇化空间差异不断扩大的一个重要原因。具体而言,FDI 对东、中、西部地区的直接影响均显著为正,各地区 FDI 的空间溢出效应有所不同。FDI 空间溢出效应对中部和西部地区的影响显著为正,对东部地区的影响在统计上并不显著。控制变量对三大区域的影响也各不相同,金融发展、产业结构和市场化进程等因素对东部地区城镇化发展的影响显著为正,工业化水平对中部和西部地区的推动作用最大。

(6) FDI 对新型城镇化的影响与形成机制

从长期与短期来看,FDI 对我国新型城镇化的影响均表现为 U 形非线性特征。通过特征事实和分位数回归分析发现,FDI 对不同省份的影响并不一致。对欠发达省份的影响表现为线性特征,而对发达省份的影响则呈现 U 形非线性效应。对这种 U 形非线性特征的形成机制分析表明,技术水平和外资进入程度起到调节作用:技术水平和外资进入程度较高的省份，FDI 的影响呈现 U 形非线性效应，反之则不存在这种 U 形关系。研发投入与劳动力就业则对这种影响存在完全的中介效应，即 FDI 通过研发投入与劳动力就业对我国新型城镇化水平产生 U 形非线性影响。

11.2 研究展望

本书以区域新型城镇化发展的空间不均衡视角，探讨了新型城镇化的内涵与测度、空间特征、动力机制以及 FDI 对新型城镇化的空间溢出效应和影响机制，并为我国新型城镇化均衡发展提出了相关的政策建议。展望未来，该领域仍然存在诸多问题有待进一步深入研究。

（1）新型城镇化的综合评价与动力机制研究

新型城镇化的内涵丰富，涉及社会、经济、生态、共享等多个层面，如何更加科学合理地对其做出综合评价还需要进一步探讨。当下，中国经济发展进入新时代，基本特征是中国经济已由高速增长阶段转向高质量发展阶段。显然，高质量发展已成为我国未来经济发展的方向，城镇化高质量发展则是这一方向的具体体现。为了实现这一战略转型，中央城镇化工作会议、党的十九大报告连续提出着力提高新型城镇化质量，走绿色、集约、高效、低碳、智能的新型城镇化高质量发展道路。因此，新型城镇化高质量发展研究成为一个新的课题，今后的研究可能扩展到对城镇化高质量发展的综合评价及其动力机制的探讨。

（2）新型城镇化发展的战略目标与区域政策的差异化、精准化研究

新型城镇化是一个动态多维度的过程，在异质性空间结构下，各省

第 11 章 结论与展望

份的战略目标在发展指标中各有侧重。从地级市和县级市层面出发,根据自身条件和特点制定差异化与精准化的新型城镇化政策,增强自我创造和发展潜力,通过弥补区域发展不平衡的短板,实现地区繁荣乃至均衡发展,可能成为未来研究的一个方向。

参考文献

[1] 陈赤平,陈海波.外资引入对生产性服务业的就业效应分析 [J].财经理论与实践,2018 (1):111-117.

[2] 陈恒,侯建.R&D 投入、FDI 流入与国内创新能力的门槛效应研究——基于地区知识产权保护异质性视角 [J].管理评论,2017 (6):85-95.

[3] 陈明星,陆大道,张华.中国城市化水平的综合测度及其动力因子分析 [J].地理学报,2009 (4):387-398.

[4] 崔功豪,马润潮.中国自下而上城市化的发展及其机制 [J].地理学报,1999 (3):106-115.

[5] 程惠芳,阮翔.用引力模型分析中国对外直接投资的区位选择 [J].世界经济,2004 (11):23-30.

[6] 丁志国,赵宣凯,赵晶.直接影响与空间溢出效应:我国城市化进程对城乡收入差距的影响路径识别 [J].数量经济技术经济研究,2011 (9).

[7] 董晓峰,杨春志,刘星光.中国新型城镇化理论探讨 [J].城市发展研究,2017 (1):26-34.

[8] 范兆斌,潘琳.中国对 TPP 成员国的直接投资效率及影响因素——基于随机前沿引力模型的研究 [J].国际经贸探索,2016 (6):71-84.

[9] 方创琳，王德利．中国城镇化发展质量的综合测度与提升路径[J]．地理研究，2011（11）：1931-1946．

[10] 费孝通．工农相辅发展小城镇[J]．江淮论坛，1984（3）：1-4．

[11] 顾雪松，韩立岩，周伊敏．产业结构差异与对外直接投资的出口效应——"中国—东道国"视角的理论与实证[J]．经济研究，2016（4）：102-115．

[12] 关兴良，魏后凯，鲁莎莎等．中国城镇化进程中的空间集聚、机理及其科学问题[J]．地理研究，2016（2）：227-241．

[13] 国家城调总队和福建省城调队课题组．建立中国城市化质量评价体系及应用研究[J]．统计研究，2005（7）：15-19．

[14] 何平，倪苹．中国城镇化质量研究[J]．统计研究，2013（6）：11-18．

[15] 胡志强，苗长虹，华明芳，刘丽．中国外商投资区位选择的时空格局与影响因素[J]．人文地理，2018（5）：88-96．

[16] 黄亚捷，闫雪凌，马超．FDI对中国城镇化发展的影响——基于劳动力就业中介效应的实证研究[J]．中山大学学报（社会科学版），2018（4）：185-196．

[17] 蒋伟，刘牧鑫．FDI在华区域分布的探索性空间数据分析[J]．国际贸易问题，2010（10）：110-116．

[18] 蓝庆新，刘昭洁，彭一然．中国新型城镇化质量评价指标体系构建及评价方法——基于2003—2014年31个省市的空间差异研究[J]．南方经济，2017（1）：111-126．

[19] 李金凯，张同斌．中国城市生产率增长中FDI的分层影响和非对称效应研究[J]．产业经济研究，2018（4）：14-25．

[20] 李凯，刘涛，曹广忠．中国省区城镇化空间格局与驱动力演

变 [J]. 城市发展研究, 2018 (6): 8-16.

[21] 李强, 陈宇琳, 刘精明. 中国城镇化"推进模式"研究 [J]. 中国社会科学, 2012 (1): 82-100.

[22] 李晓梅, 赵文彦. 我国城镇化演进的动力机制研究 [J]. 经济体制改革, 2013 (3): 20-24.

[23] 梁炳伟, 雒占福. 近十年来中国地级及以上城市新型城镇化水平空间格局演变及收敛性分析 [J]. 现代城市研究, 2017 (5): 67-75.

[24] 梁婧, 张庆华, 龚六堂. 城市规模与劳动生产率: 中国城市规模是否过小?——基于中国城市数据的研究 [J]. 经济学 (季刊), 2015 (3).

[25] 刘和东. 国际贸易与 FDI 技术溢出效应的实证研究——基于吸收能力与门槛效应的分析视角 [J]. 科学学与科学技术管理, 2012 (2): 30-36.

[26] 刘易斯. 芒福德. 城市发展史——起源、演变和前景 [M]. 宋俊岭等, 译, 北京: 中国建筑工业出版社, 2005.

[27] 罗宏翔, 赵果庆. FDI 产业空间自相关与空间集聚——再论为什么 FDI 不集聚西部 [J]. 经济管理, 2012 (9): 37-45.

[28] 罗军, 陈建国. 研发投入门槛、外商直接投资与中国创新能力——基于门槛效应的检验 [J]. 国际贸易问题, 2014 (8): 135-146.

[29] 陆大道, 陈明星. 关于"国家新型城镇化规划 (2014—2020)"编制大背景的几点认识 [J]. 地理学报, 2015 (2): 179-185.

[30] 吕丹, 叶萌, 杨琼. 新型城镇化质量评价指标体系综述与重构 [J]. 财经问题研究, 2014 (9): 72-78.

[31] 聂飞, 刘海云, 毛海欧. 中国利用外资促进了对外直接投资

吗——基于集聚经济效应的实证研究［J］. 国际贸易问题，2016（10）：119－129.

［32］欧向军，甄峰，秦永东等. 区域城市化水平综合测度及其理想动力分析——以江苏省为例［J］. 地理研究，2008（9）：993－1002.

［33］任杲，宋迎昌. 中国城市化动力机制与阶段性研究——基于产业发展与户籍制度变迁的视角［J］. 兰州学刊，2018（6）：145－158.

［34］任远. 城镇化的内在平衡和内涵性的城镇化发展［J］. 同济大学学报（社会科学版），2018（2）：58－65.

［35］沈飞. 生产性服务业FDI空间集聚与东道国技术溢出绩效改进关联研究——基于长三角的实证［J］. 国际商务——对外经济贸易大学学报，2016（2）：69－78.

［36］史本叶，张超磊. 中国对东盟直接投资：区位选择、影响因素及投资效应［J］. 武汉大学学报，2015（3）：66－72.

［37］宋勇超，朱延福. 互利共赢还是以邻为壑——以FDI区位选择的第三方效应为视角［J］. 当代经济科学，2013（3）：101－108.

［38］孙浦阳，武力超. 基于大推动模型分析外商直接投资对城市化进程的影响［J］. 经济学家，2010（11）：66－74.

［39］孙向伟，陈斐，李峰. 五大区区域经济增长收敛性的动态空间计量分析［J］. 统计与决策，2017（4）：97－101.

［40］田利辉，刘廷华，谭德凯. 外资进入和我国企业的生产率："溢出"抑或"挤出"效应［J］. 南方经济，2014（7）：1－17.

［41］田素华，王璇. FDI双向流动和净流动影响因素分析——基于全球58个经济体的实证分析［J］. 世界经济研究，2017（7）：40－53.

［42］田雪莹. 基于熵值法的中国城镇化水平测度［J］. 改革，2018（5）：151－159.

[43] 王滨. 对外直接投资在我国经济发展中的作用——挤进和挤出效应的实证分析 [J]. 国际贸易问题, 2006 (1): 75-79.

[44] 王滨. FDI 技术溢出、技术进步与技术效率——基于中国制造业 1999—2007 年面板数据的经验研究 [J]. 数量经济技术经济研究, 2010 (2): 93-103.

[45] 王家庭, 唐袁. 我国城市化质量测度的实证分析 [J]. 财经问题研究, 2009 (12): 127-132.

[46] 王静. FDI 促进中国各地区产业结构优化的门限效应研究 [J]. 世界经济研究, 2014 (3): 73-80.

[47] 汪丽, 李九全. 新型城镇化背景下的西北省会城市化质量评价及其动力机制 [J]. 经济地理, 2014 (12): 55-61.

[48] 王艳丽, 刘欢. FDI 对我国城镇化外溢影响的人力资本门槛效应分析 [J]. 商业研究, 2018 (4): 18-23.

[49] 魏后凯. 中国城镇化进程中的两极化倾向与规模格局重构 [J]. 中国工业经济, 2014 (3): 18-30.

[50] 魏治, 修春亮, 孙平军. 21 世纪以来中国城镇化动力机制分析 [J]. 地理研究, 2013 (9): 1679-1687.

[51] 吴建民, 任国荣, 丁疆辉. 县域城镇化水平综合测评及其动力构成分析——以河北为例 [J]. 地理与地理信息科学, 2015 (5): 81-86.

[52] 吴玉鸣. 空间计量经济模型在省域研发与创新中的应用研究 [J]. 数量经济技术经济研究, 2006, 23 (5): 74-85.

[53] 冼国明, 冷艳丽. 地方政府债务、金融发展与 FDI——基于空间计量经济模型的实证分析 [J]. 南开经济研究, 2016 (6): 52-74.

[54] 肖振宇, 宁哲, 张杰. 新型城镇化新型度评价研究 [J]. 经济问题, 2017 (7): 92-98.

[55] 熊湘辉，徐璋勇. 中国新型城镇化水平及动力因素测度研究 [J]. 数量经济技术经济研究，2018（2）：44-61.

[56] 徐素，于涛，巫强. 区域视角下中国县级市城市化质量评估体系研究——以长三角地区为例 [J]. 国际城市规划，2011（2）：53-58.

[57] 晏朝飞，杨飞虎. 中国城镇化包容性发展中的公共投资支持影响研究 [J]. 经济与管理研究，2018（5）：12-23.

[58] 闫佳祺. 发达国家城镇化进程的经验借鉴与启示 [J]. 税务与经济，2016（9）：31-36.

[59] 杨海生，聂海峰，徐现祥. 我国FDI区位选择中的"第三方效应"——基于空间面板数据的实证研究 [J]. 数量经济技术经济研究，2010（4）：122-136.

[60] 杨璐璐. 中部六省城镇化质量空间格局演变及驱动因素——基于地级及以上城市的分析 [J]. 经济地理，2015（1）：68-75.

[61] 杨新华. 新型城镇化的本质及其动力机制研究——基于市场自组织与政府他组织的视角 [J]. 中国软科学，2015（4）：183-192.

[62] 叶阿忠，陈生明，冯烽. 服务业集聚和经济增长对我国城镇化影响的实证研究——基于半参数空间滞后模型 [J]. 运筹与管理，2015（3）：205-211.

[63] 叶裕民. 中国城市化质量研究 [J]. 中国软科学，2001（7）：27-31.

[64] 余江，叶林. 中国新型城镇化发展水平的综合评价：构建、测度与比较 [J]. 武汉大学学报（哲学社会科学版），2018（3）：145-156.

[65] 于伟，吕晓，宋金平. 山东省城镇化包容性发展的时空格局 [J]. 地理研究，2018（2）：319-332.

[66] 袁博，刘凤朝. 技术创新、FDI与城镇化的动态作用机制研究

[J]．经济学家，2014（10）：60-66．

[67] 袁冬梅，信超辉，于斌．FDI推动中国城镇化了吗——基于金融发展视角的门槛效应检验[J]．国际贸易问题，2017（5）：126-138．

[68] 张杰，龚新蜀．西北地区城镇化动力机制研究——基于面板数据的实证分析[J]．首都经济贸易大学学报，2010（5）：81-101．

[69] 张士杰，李勇刚．城镇化质量、动力因子与新型城镇化的路径选择——基于中部六省的实证研究[J]．华东经济管理，2016（12）：86-91．

[70] 张文武，熊俊．外资集聚、技术创新与地区经济增长——基于省际面板数据的空间计量分析[J]．华东经济管理，2013（7）：48-53．

[71] 张引，杨庆媛，李闯等．重庆市新型城镇化发展质量评价与比较分析[J]．经济地理，2015（7）：79-86．

[72] 张跃胜．中国城镇化区域差异的空间和要素的双重解读[J]．城市问题，2017（4）：13-19．

[73] 张振平．FDI是否促进了中国城市效率——基于中国285个地级市样本的实证研究[J]．国际商务——对外经济贸易大学学报，2018（1）：85-96．

[74] 赵德昭．FDI、第三方效应与农村剩余劳动力转移的空间集聚——基于中国省际面板数据的空间计量检验[J]．南开经济研究，2014（6）：105-120．

[75] 赵果庆，中国FDI双重集聚的非线性转换效应——基于LPSTR模型[J]．中国软科学，2015（5）：31-46．

[76] 赵家亮，张京祥，耿磊．1990年代以来江苏省FDI空间的集聚与扩散[J]．经济地理，2008（9）：790-793．

[77] 赵永平，徐盈之．新型城镇化发展水平综合测度与驱动机制

研究——基于我国省际2000—2011年的经验分析 [J]. 中国地质大学学报（社会科学版），2014（1）：116-124.

[78] 郑大川，刘伟霞，林中燕等. 中国城镇化水平的新分类及其实操 [J]. 城市问题，2016（9）：27-34.

[79] 臧新，江梦冉. 外资区域转移与地区城镇化发展的相互关系——基于江苏省主要城市的实证研究 [J]. 国际贸易问题，2015（2）：125-133.

[80] 周慧. 中部地区城镇化影响因素的空间溢出效应分析 [J]. 财贸研究，2016（4）：16-23.

[81] 周敏等. 中国新型城镇化的空间集聚效应与驱动机制 [J]. 工业技术经济，2018（9）：59-67.

[82] 周小亮，吴武林. 中国包容性绿色增长的测度及分析 [J]. 数量经济技术经济研究，2018（8）：3-20.

[83] 周小平，柴铎. 城镇化路径实施的国际镜鉴与动力找寻 [J]. 改革，2016（2）：96-103.

[84] 朱鹏华，刘学侠. 城镇化质量测度与现实价值 [J]. 改革，2017（9）：115-128.

[85] Agesa R. U. The Incentive for Rural to Urban Migration: A Reexamination of the Harris - Todaro Model [J], Applied Economics Letters, 2000, 7 (2), 107-110.

[86] Andersen A T, Moller J L, Engel SS. The End of Urbanization towards a New Urban Concept or Rethinking Urbanization [J]. European Planning Studies, 2011 (4): 595-611.

[87] Anselin L. Spatial Econometrics: Methods and models [M]. Springer, 1988.

[88] Baltagi B, Egger P, Pfaffermayr M. Estimating Models of Complex

FDI: Are There Third – Country Effects? [J]. Journal of Econometrics, 2007, 140 (1): 260 – 281.

[89] Barbosa, N., Eiriz A. Linking Corporate Productivity to Foreign Direct Investment: An Empirical Assessment [J]. International Bussiness Review, 2009, 18 (1): 1 – 13.

[90] Baron R M., Kenny D A. The Moderator – Mediator Variable Distinction in Social Psychology Research: Conceptual, Strategic and Statistical Considerations [J]. Journal of Personality & Social Psychology, 1986, 51 (6): 1173 – 1182.

[91] Bellak C, Leibrecht M. Do Low Corporate Income Tax Rates Attract FDI—Evidence from Central – and East European Countries [J]. Applied Economics, 2009, 41 (21): 2691 – 2703.

[92] Bevan A, Estrin S. The Determinants of Foreign Direct Investment into European Transition Economies [J]. Journal of Comparative Economics, 2004 (32): 775 – 787.

[93] Blanco L R. The Spatial Interdependence of FDI in Latin America [J]. World Development, 2011, 40 (7): 1337 – 1351.

[94] Blonigen B, Davies R, Waddell G, Naughton H. FDI in Space: Spatial Autoregressive Relationships in Foreign Direct Investment [J]. European Economic Review, 2007, 51 (5): 1303 – 1325.

[95] Blonigen B A. A Review of the Empirical Literature on FDI Determinants [J]. Atlantic Economic Journal, International Atlantic Economic Society, 2005, 33 (4): 383 – 403.

[96] Buch C M, Lipponer A. FDI versus Exports: Evidence from German Banks [J]. Journal of Banking & Finance, 2007, 31 (3): 805 – 826.

[97] Chen C., Wu Y. Impact of Foreign Direct Investment and Export on Urbanization: Evidence from China [J]. China & World Economy, 2017, 25 (1): 71-89.

[98] Clark C. The Conditions of Economic Progress [M]. Macmillan, London. 1957.

[99] Devereux M P, Griffith R. Taxes and the Location of Production: Evidence from a Panel of US Multinationals [J]. Journal of Public Economics, 1998, 68 (3): 335-367.

[100] Devereux M P, Griffith R. Evaluating Tax Policy for Location Decisions [J]. International Tax and Public Finance, 2003, 10 (2): 107-126.

[101] Friedmann J. Four theses in the study of China's Urbanization [J]. International Journal of Urban and Regional Research, 2006, 30 (2): 440-451.

[102] Garretsen H., Peeters J., FDI and the Relevance of Spatial Linkages: Do Third-Country Effects Matter for Dutch FDI? [J]. Review of World Economics, 2009, 145 (2): 319-338.

[103] Gilbert A., Gugler J. Cities Poverty and Development: Urbanization in the Third World [M], New York: Oxford University Press, 1982.

[104] Henderson J. V. Urbanization in China: Policy Issues and Options [R], China Economic Research and Advisory Programmer, 2009: 11.

[105] Kamp I V, Leidelmeijer K, Marsman G, Hollander A D. Urban Environmental Quality and Human Well-being: Towards a Conceptual Framework and Demarcation of Concepts; a Literature Study [J]. Landscape & Urban Planning, 2003, 65 (1): 5-18.

[106] Kelejian H, Prucha I. A Generalized Spatial Two-Stage Least

Squares Procedure for Estimating a Spatial Autoregressive Model With Autoregressive Disturbances [J]. Journal of Real Estate Finance and Economics, 1998, 17 (4): 99 – 121.

[107] Kentor J., Structural Determinants of Peripheral Urbanization: The Effects of International Dependence [J]. American Sociological Review, 1981, (46): 201 – 211.

[108] Kleinert J, Toubal F. Gravity for FDI [J]. Review of International Economics, 2010, 18 (1): 1 – 13.

[109] Lampard E E. History of Cities in the Economically Advanced Areas [J]. Economic Development & Cultural Change, 1955, 3 (2): 81 – 136.

[110] LeSage J., Pace R. K. Introduction to Spatial Econometrics [M]. Boca Raton, US Florida: CRC Press Taylor & Francis Group, 2009.

[111] Long, C., Yong J., Zhang J. Institutional Impact of Foreign Direct Investment in China [J]. World Development, 2015, 66 (2): 31 – 48.

[112] Mehdi B., FDI Localization, Wage and Urbanization in Central Europe [J]. The Romanian Economic Journal, 2013, 16 (48): 23 – 36.

[113] Moomaw R. L., Shatter A. M. Urbanization and Economic Development: A Bias Toward Large Cities? [J]. Journal of Urban Economics, 1996, 40 (1): 13 – 37.

[114] Pinkse J, Slade M E. Contracting in Space: An Application of Spatial Statistics to Discrete – Choice Models [J]. Journal of Econometrics, 1998, 85 (1): 125 – 154.

[115] Ran M, Berry B J L. Underurbanization Policies Assessed: China, 1949 – 1986 [J]. Urban Geography, 1989 (10): 111 – 120.

[116] Renaud B. National Urbanization Policy in Developing Countries [M]. New York: Oxford University Press, 1981.

[117] Riedl A. Location Factors of FDI and the Growing Services Economy [J]. Economics of Transition, 2010, 18 (4): 741-761.

[118] Shannon C E. A Mathematical Theory of Communication [J]. Bell Labs Technical Journal, 1948, 27 (3): 379-423.

[119] Shepotylo O. , Spatial Complementarity of FDI: Example of Transition Countries [J]. Post-Communist Economies, 2012, 24 (3): 327-349.

[120] Sit V. F. , & Liu W. Restructuring and Spatial Change of China's Auto Industry under Institutional Reform and Globalization. Annals of the Association of American Geographers, 2000, 90 (4): 653-673.

[121] Todes A. South African Urbanization Dynamic and the Normalization Thesis [J], Urban Forum, 2001, 12 (1): 1-26.

致　　谢

　　经过四年多的努力，这本书终于完成了。期间除了上课、外出调研和在图书馆翻阅资料，多数时间都窝在书房看书、建模、计算和写作，其中的酸甜苦辣时时涌上心头。至今仍然记得那些为了某个模型或某个实证结果的不如意而冥思苦想无法入睡的夜晚，也依然记得那些获得数据和分析结果时的狂喜，当然，更忘不了每一个模型和章节完成后的如释重负。在这漫长的过程中，我常常沉浸在自己的世界里，对家庭的付出明显减少了，无意间对家庭的方方面面都有所忽视。因此，在本书出版之际，首先必须感谢我的妻子和所有家人，没有他们的付出，难以想象我能如此顺利地完成这项工作。其次，这本书为国家社科基金一般项目"区域城镇化的空间差异、FDI空间集聚与我国新型城镇化研究"（编号：14BJL064）的最终成果，在此感谢国家社会科学基金的资助，使我有足够的经费完成数据的采集和处理、外出调研等各项工作。同时，感谢我所任教的武汉纺织大学，为我提供了丰富的资源和良好的工作环境。最后，感谢武汉纺织大学学术著作出版基金资助出版。